365 Ideen zum ABSCHALTEN

Einfach mal
runterkommen, auspowern
und **entspannen**

INHALT

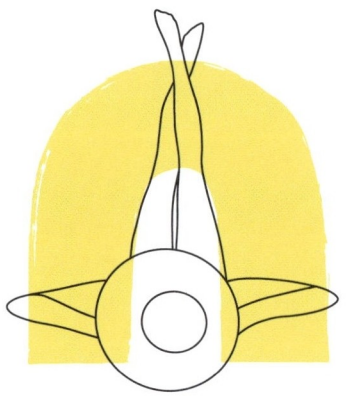

VORWORT 4

Puls hoch, Stress runter 6
Kleine und größere Power-Pausen

Abschalt-Quickies für zwischendurch 22
Einfach, aber wirkungsvoll

Eine ruhige Kugel schieben – 40
mit Meditation, Gedankenreisen, Körperpflege und Co.

Eintauchen und abschalten: 54
das Kulturprogramm zum Runterkommen

Kreativ abschalten 70
und dabei Schönes schaffen

Raus aus dem Alltagstrott und rein ins Unbekannte! 86

Abschalten auf neuen Wegen

Spaß haben, kreativ sein und Wissen testen 100

Die besten Spielideen zum Abschalten

Rühren, hacken, kneten, schlagen – 122

abschalten in der Küche

Einfach mal runterkommen? Aber natürlich! 138

Abschaltideen in der Natur

Social Power 156

Abschalten mit und unter Menschen

Abschalten mit Kind und Kegel 172

Ideen für unvergessliche gemeinsame Momente

Das bisschen Haushalt … 188

ordnen, dekorieren und dabei wunderbar abschalten

DEINE BEWERTUNGEN 204

EINFACH MAL ABSCHALTEN ...

Pausen einlegen um zu regenerieren und die Batterien wieder aufzuladen, mit positiven Impulsen dafür sorgen, dass der Alltag nicht grau, sondern bunt ist – das ist nicht nur wichtig, sondern auch gesundheitlich geboten. Leider gelingt dies immer mehr Menschen immer weniger gut. Die Gründe dafür sind vielfältig.

In unserer beschleunigten und digitalisierten Welt ist die ständige Erreichbarkeit normal geworden. Die Grenzen zwischen Arbeit und Freizeit verschwimmen zusehends – und gleichzeitig werden wir von einer regelrechten Informationsflut überschüttet und setzen uns selbst unter Druck, bloß nichts zu verpassen. Wir sehnen uns nach kleineren und größeren Auszeiten, können uns diese aber immer weniger zugestehen.

bewusste Entscheidung. Der Begriff „Abschalten" ist mehr als ein Synonym für „Entspannung". Er bedeutet eine selbstbewusste temporäre Abkehr von den Anforderungen und Verpflichtungen des Alltags. Abschalten heißt, sich selbst die Erlaubnis zu geben innezuhalten, um Körper und Geist wieder aufzutanken und das innere Gleichgewicht wiederzufinden. Abschalten heißt: nett zu sich selbst zu sein.

SEI NETT ZU DIR

Wie können wir in einer Gesellschaft, die das ständige „Online-Sein" und die permanente Produktivität zur Norm erklärt hat, effektiv abschalten? Welche Methoden stehen uns dafür zur Verfügung? Und kann man Abschalten lernen?

Die gute Nachricht ist: Auch, wenn es uns gerade schwer fällt abzuschalten, können wir es wieder lernen. Als Kind konnten wir es doch alle wunderbar – und auch jetzt trennt uns nur eine

WAS UNS STRESST

Stress entsteht meist aus einer Kombination von äußeren und inneren Faktoren: Zeitdruck, berufliche Anforderungen, soziale Verpflichtungen und technologische Abhängigkeiten zählen zu den äußeren, während innere Stressoren wie Perfektionismus, Selbstzweifel oder das Streben nach Anerkennung ebenfalls eine bedeutende Rolle spielen. Unter diesen Einflüssen entwickelt sich oft ein Teufelskreis, der es schwer macht, zur Ruhe zu kommen. Hier setzt die bewusste Entscheidung an, sich aktiv Auszeiten zu gönnen, um den Kreislauf zu durchbrechen und Raum für Regeneration zu schaffen.

HEUTE IST ABSCHALTEN WICHTIGER DENN JE

Die Auswirkungen von Dauerstress auf die Gesundheit sind weitreichend: Erschöpfung, Schlafstörungen, psychosomatische Beschwerden bis hin zu Burnout und eine erhöhte Anfälligkeit für chronische Krankheiten sind nur einige der möglichen Folgen. Umso wichtiger ist es, Ideen zu erhalten, die uns helfen, effektiv abzuschalten.

Genau hier setzt dieses Buch an. Dabei sind die Ideen so vielfältig wie das Leben selbst und reichen von physischen Aktivitäten über kreative Tätigkeiten bis hin zu mentalen Techniken. Körperliche Aktivität, wie Sport oder Ausflüge in der Natur, kann helfen, den Kopf freizubekommen und Stresshormone abzubauen. Kreative Tätigkeiten wie Malen, Musizieren oder Handarbeit bieten die Möglichkeit, den Geist auf angenehme Weise zu beschäftigen und Stärke aus seiner eigenen Kreativität zu ziehen. Mentale Techniken wie Meditation, Achtsamkeitstraining oder Atemübungen ermöglichen es, sich auf den Moment zu konzentrieren und innere Ruhe zu finden. Und im Zusammensein mit anderen – ob beim Spielen, in der Familie oder in einer Gruppe Gleichgesinnter – werden Glückshormone ausgeschüttet und Alltagssorgen werden immer unwichtiger.

Eine besondere Rolle spielt dabei die individuelle Präferenz: Was für den einen Entspannung bedeutet, kann für den anderen Stress verursachen. Es gilt, die für sich persönlich effektivsten Methoden zu finden und diese regelmäßig in den Alltag zu integrieren. Dabei ist es wichtig, sich nicht unter Druck zu setzen oder Perfektion von sich selbst zu erwarten. Abschalten ist kein Wettbewerb, sondern ein persönlicher Prozess, der Zeit, Geduld und Selbstliebe erfordert.

In diesem Buch findest du 365 kleine und größere Ideen. Vielleicht ist nicht jede Idee etwas für dich – aber ganz viele werden dir Impulse geben und beim Abschalten helfen. Ab Seite 204 kannst du für jede ausprobierte Idee Sterne von 1 bis 5 vergeben, sodass du später auf einen Blick deine Lieblingsideen findest, mit denen dir Abschalten besonders leicht gefallen ist.

VIEL FREUDE MIT DEM BUCH!

PULS HOCH, STRESS RUNTER –

KLEINE UND GRÖSSERE POWER-PAUSEN

Du willst abschalten und runterkommen? Manchmal ist es das Beste, vorher den Puls richtig hochzutreiben, die Muskeln ordentlich zu fordern und den Kreislauf anzukurbeln. Warum das so ist? Während wir gestresst sind, schüttet der Körper Stresshormone, wie zum Beispiel Adrenalin, aus. Beim Sport kommt der Stoffwechsel in Schwung, sodass diese Hormone wieder abgebaut werden. Besonders schön: gleichzeitig werden Glückshormone ausgeschüttet. Win-win! Nach einer unserer Power-Pausen geht es dir garantiert besser als vorher!

1
TREPPAUF, TREPPAB

Treppensteigen ist eine der anstrengendsten Bewegungsformen überhaupt. Der Weg durchs Treppenhaus ist also die perfekte Gelegenheit, deinen Puls mit einer kleinen Kardioeinheit auf Trab zu bringen und den Kopf dabei freizubekommen. Wenn du besonders fit bist, kannst du zur Abwechslung auch zwei Stufen auf einmal nehmen. Und wer in einem Hochhaus wohnt oder arbeitet, kann das Treppenhaus auch für kleine Wettläufe gegen die Uhr nutzen.

2

PARKOUR

Wenn du abschalten möchtest und gleichzeitig neue Herausforderungen suchst, ist Parkour, auch bekannt als Freerunning, eine ziemlich spektakuläre Option. Vermutlich kennst du das ein oder andere Video, in dem sich sportliche Menschen einen akrobatischen Weg durch urbane oder natürliche Landschaften bahnen. Das sind natürlich Profis. Am Anfang arbeitest du erst einmal daran, deine Bewegungsmöglichkeiten und -fähigkeiten auszubauen sowie körperliche und mentale Grenzen zu entdecken und nach und nach zu erweitern.

Ziel ist es, Gleichgewichtsgefühl, Kraft und Körperbeherrschung zu schulen und Selbsteinschätzung, Selbstdisziplin, Konzentration und Ausdauer zu verbessern. Körper und Geist haben beim Parkour-Training also jede Menge zu tun – perfekt, um richtig abzuschalten. Parkour ist ein anspruchsvoller Sport, in den du unbedingt unter Anleitung einsteigen solltest. Kurse werden vor allem von Turnvereinen und Sportstudios angeboten. Im Internet wirst du sicher Informationen finden, die dir weiterhelfen.

3

TANZ DICH FREI

Tanzen ist eine ziemlich wirkungsvolle Methode, um kurz oder auch mal ein bisschen länger aus der Alltagsroutine auszusteigen. Wie wäre es zum Beispiel mit einem Lindy-Hop-Kurs, um zu tanzen wie in den 1930ern? Aber auch nur zehn Minuten Freestyle zu deiner Lieblingsmusik im Wohnzimmer wirken wahre Wunder. Alternativ kannst du mithilfe von YouTube und Co. ein paar Tanzschritte oder sogar eine kleine Choreografie ausprobieren. Du wirst sehen: Je mehr du dich dabei konzentrieren musst, desto weniger Platz bleibt für das Gedankenkarussell im Kopf.

4

SLACKLINE

Dich reizt der Balanceakt auf der Slackline? Auf andere Gedanken kommst du dabei auf jeden Fall, denn so eine Slackline ist, vorsichtig gesagt, extrem dynamisch. Um dich darauf zu halten, brauchst du ein ausgeprägtes Gleichgewichtsgefühl, jede Menge Konzentration, eine gute Koordination – und Übung. Im öffentlichen Raum gibt es zwar immer mehr Möglichkeiten zum Trainieren, etwa in Gestalt von fest fixierten Lines oder Slackline-Pfosten für die eigene Slackline, doch es ist sicherlich eine gute Idee, die ersten wackeligen Schritte bei einem Workshop oder Schnupperkurs unter Anleitung zu machen.

5

FRISBEE

Der Kopf raucht, die Gedanken kreisen und nichts klappt mehr? Ganz klar – du brauchst eine Pause, frische Luft und Bewegung. Schnapp dir ein Frisbee, ein paar Kollegen und Kolleginnen und lass die Scheibe in der Mittagspause 20 Minuten durch den Park segeln. Danach geht's besser. Versprochen. Und wer keinen Park in der Mittagspause hat: Frisbee ist auch im Feierabend eine super Methode, um den Kopf freizubekommen.

6

ROLLERGIRL

Du brauchst dringend frische Luft und hast gar keine Lust zum Spazierengehen? Wie wäre es mit einer Runde auf Rollen? Falls du keine Inliner oder Rollschuhe hast: Halte beim nächsten Flohmarkt die Augen offen oder scroll dich durch das Angebot von geeigneten Anbietern und Plattformen im Internet. Dort findest du in der Regel problemlos gut gepflegte und günstige gebrauchte Rollschuhe oder Inliner – und dazu noch die passende Schutzausrüstung mit Handgelenk-, Ellenbogen- und Knieschonern sowie Helm.

7

PLANKING

Planks, die nichts anderes sind als der gute alte Unterarmstütz, sorgen für eine starke Körpermitte. Sie helfen bei Rückenschmerzen, kurbeln den Stoffwechsel an, steigern die Beweglichkeit, verbessern Balance und Körperkontrolle – und machen glücklich!

Wichtig ist, dass du die Übung richtig ausführst: Der Oberkörper ruht auf den Unterarmen, der Unterkörper auf Zehenspitzen und Ballen. Dazwischen ist die Körpermitte gerade und angespannt, Bauch und Po sind fest. Der Blick ist nach unten gerichtet, die Halswirbelsäule gerade. Zu Beginn reichen drei Mal 20 bis 30 Sekunden, um dich ganz schön ins Schwitzen zu bringen. Steigern geht natürlich immer ... Der aktuelle Weltrekord im Planking liegt bei den Frauen übrigens bei 4 Stunden, 30 Minuten und 11 Sekunden.

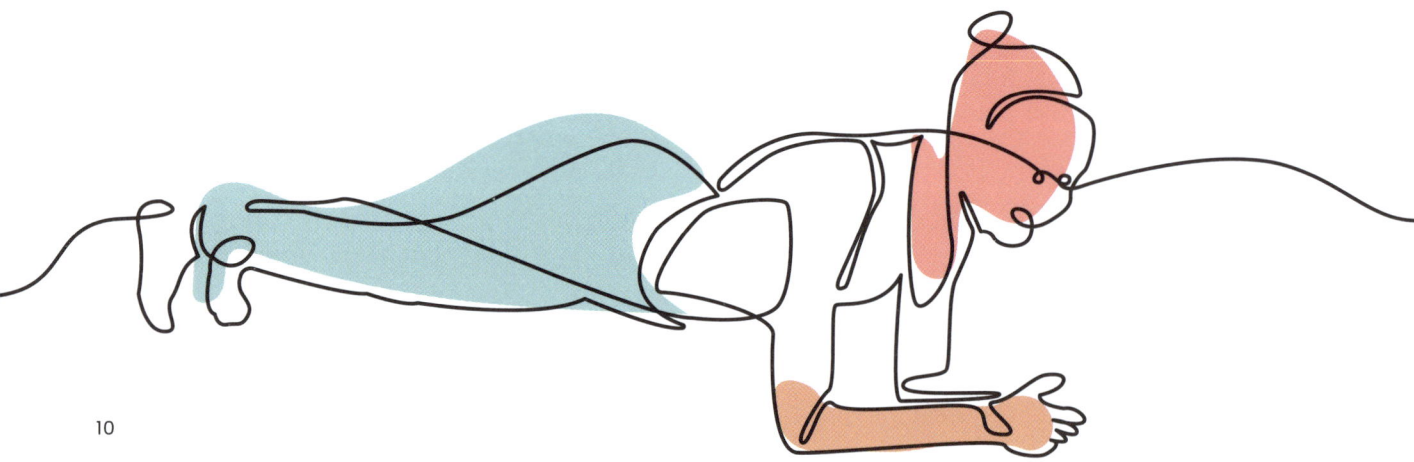

8

AUS DER KOMFORTZONE INS KALTE WASSER

Im See baden, wenn die Außentemperaturen bei über 25 °C liegen, kann jeder. Garantiert auf andere Gedanken kommst du, wenn du im Herbst oder Winter ins wirklich kalte Wasser steigst.

Falls du es auch einmal ausprobieren möchtest, solltest du vor allem deine ersten Erfahrungen im kalten Wasser in der Obhut erfahrener Winterschwimmer:innen machen, die du über das Internet und die sozialen Medien leicht ausfindig machen kannst. Profis empfehlen, im Spätsommer mit dem Winterbaden anzufangen. Dann kannst du dich langsam an die kalten Temperaturen gewöhnen. Und zusätzlich regelmäßig kalt zu duschen gehört auch zu den empfohlenen Maßnahmen.

9

VOLTIGIEREN

Das Turnen auf dem Pferderücken tut nicht nur Kindern gut: Es hilft auch Erwachsenen, mehr Gelassenheit, Geschicklichkeit, Gewandtheit, Mut und Selbstvertrauen zu entwickeln. Zudem lehrt die Arbeit mit dem Pferd Mitgefühl und Geduld und erweitert den Horizont. Natürlich werden Voltigiergruppen häufiger für Kinder als für Erwachsene angeboten, doch inzwischen gibt es in vielen Reitschulen auch Schnupperkurse für Erwachsene. Trau dich – und lass dich mit einem Perspektivwechsel der besonderen Art belohnen.

10

DATE MIT DR. TABATA

Kennst du das Power-Workout Tabata? Diese Trainingsmethode wurde einst von einem japanischen Arzt gleichen Namens für die japanische Eisschnelllaufmannschaft entwickelt und hilft dir garantiert, in Windeseile abzuschalten. Trainiert wird kurz und knackig, nämlich insgesamt vier Minuten, bestehend aus acht 20-sekündigen Runden mit jeweils 10-sekündigen Ruhephasen.

Geeignete Übungen für die Belastungsphase sind z. B.:

- Squats (Kniebeugen)

- Planks (Unterarmstütz)

- Mountain Climber (Bergsteiger)

- Sprints

- Jumping Jacks (Hampelmänner)

- Push Ups (Liegestütze)

- Sit Ups (Oberkörperheben)

- Lunges (Ausfallschritte)

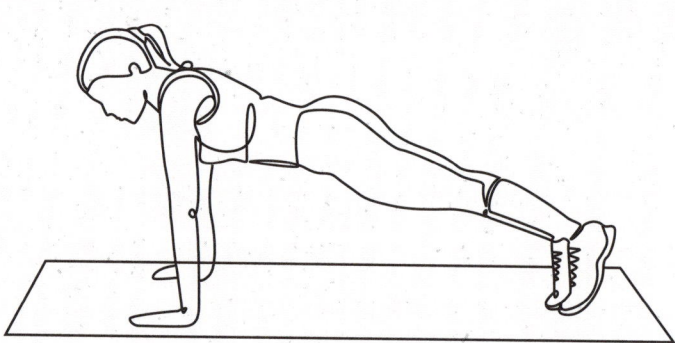

WIRKLICH WICHTIG:

Achte darauf, die Trainingseinheit entsprechend deinem Fitnesslevel zu gestalten und sauber durchzuführen. Wenn du keine oder wenig Erfahrung hast, dann schau dir die einzelnen Übungen zuerst im Internet mitsamt Anleitungen an, damit du keine Fehlhaltung einnimmst. Wichtig in jedem Fall: eine angespannte Körpermitte. Und für alle gilt: Ohne Warm-up (5–10 Minuten) geht es nicht. Du kannst zum Beispiel auf der Stelle laufen, Seilspringen oder auch eine Runde tanzen. Da fängt das Abschalten schon an. Und zum Cool-down wird gedehnt.

Kleiner Tipp: Lade dir fürs Training einen Tabata- oder Intervalltimer aufs Handy.

11

TRAMPOLIN

Statt gedanklich in die Luft zu gehen, kannst du es wirklich tun! Das geht ganz wunderbar auf dem Trampolin. Wenn du dich so richtig auspowern und dabei Stress abbauen willst, kannst du dir einen Timeslot in einer Trampolinhalle buchen. Wenn du dich nur kurz auf andere Gedanken bringen willst, geht das auch auf einem Spielplatztrampolin.

12

IN FAHRT KOMMEN

Ausdauersportarten wie Laufen oder Walken sind ziemlich wirkungsvolle Methoden, um abzuschalten. Als Anfängerin bist du am Anfang allein schon durch die Anstrengung ziemlich beschäftigt, und wenn deine Kondition zunimmt, kannst du zum Beispiel mit kurzen Zwischensprints deinen Puls hochtreiben. Und versprochen: Danach wirst du dich angenehm ausgepowert und geistig frisch fühlen.

13

MEERJUNGFRAUENSCHWIMMEN

Du bewegst dich gerne im Wasser, und Verkleiden findest du super? Dann lass dich doch mal im Gewand einer Meerjungfrau ins Wasser gleiten, um spannende Unterwasserwelten zu erkunden. Allerdings will das Schwimmen mit der Monoflosse gelernt sein. Darum gibt es spezielle Schwimmkurse für angehende Meerjungfrauen, bei denen du die Delphintechnik mit und ohne Flosse trainierst und den richtigen Flossenschlag erlernst. Wenn du dich dann im Wasser drehst und wendest wie Arielle, liegt der graue Alltag mit Sicherheit verschwommen in weiter Ferne.

14

STEHEN, PADDELN, RUNTERKOMMEN

Siehst du auch in den letzten Jahren immer mehr SUP-Begeisterte auf dem Wasser paddeln? Kein Wunder! Stehpaddeln ist nicht nur ein prima Ganzkörpertraining, das Muskulatur, Gleichgewicht und Koordination fördert, die Bewegung in der Natur sorgt auch noch für Ausgeglichenheit.

Das Tolle am Stand-up-Paddeln ist, dass man es in jeder Altersstufe machen kann – vorausgesetzt, man hat eine minimale Grundfitness und kann sicher schwimmen. Boards kann man sich inzwischen vielerorts leihen, und bei einer Probestunde kannst du leicht feststellen, ob du dein Können vertiefen und dir bei einem Kurs von SUP-Profis nützliche Tricks und Kniffe zeigen lassen willst. Wähle für deine ersten Paddelversuche einen windstillen Tag und ein ruhiges Gewässer. Für den Anfang empfiehlt sich das Üben im Flachen: Dann ist das Aufsteigen nicht so anstrengend, und du fühlst dich vermutlich sicherer. Und ganz wichtig: Sonnenschutzcreme nicht vergessen!

15

SYNCHRONSCHWIMMEN

Schnödes Bahnschwimmen oder Aquafitness findest du zu langweilig, um auf andere Gedanken zu kommen? Dann gefällt dir vielleicht die nicht ganz alltägliche Disziplin des Synchronschwimmens, die seit 2017 übrigens offiziell „Artistic Swimming" lautet. Man ahnt also schon, dass das Wasserballett einige Herausforderungen mit sich bringt. Gefragt sind Fertigkeiten aus dem Bodenturnen, dem Wettkampfschwimmen, dem Eiskunstlauf und dem Tanzen. Und die gilt es dann auch noch zu kombinieren – ohne festen Boden unter den Füßen. Aber das kann man ja Gott sei Dank lernen. Informationen zu Schwimmvereinen, die Synchronschwimmen anbieten, erhältst du über den Deutschen Schwimmverband (www.dsv.de).

16

KRAV MAGA

Krav Maga ist ein Kampfsport, der auf der Kombination einfacher und wirkungsvoller Techniken aus verschiedenen anderen Kampfsportarten beruht und relativ einfach zu erlernen ist. Wenn du vier Monate lang zweimal wöchentlich trainierst, beherrscht du bereits die Grundlagen. Warum du das tun solltest?

Krav-Maga-Training hilft dem Selbstvertrauen auf die Beine, denn man lernt dabei, wie man sich in gefährlichen Situationen effektiv verteidigt – was ja an sich schon keine schlechte Sache ist. Außerdem trägt es dazu bei, ein Gefühl der Selbstwirksamkeit zu entwickeln. Es stärkt das Vertrauen in die eigene Fähigkeit, Herausforderungen zu meistern.

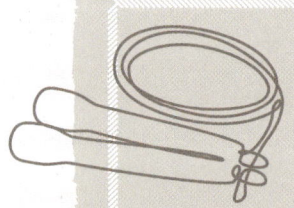

17

SEILSPRINGEN

Seilspringen ist ein echter Alleskönner, was deine mentale und physische Gesundheit angeht. Gefordert sind Konzentration, Koordination und Rhythmusgefühl. Damit ist nicht nur dein Körper, sondern auch dein Geist gefragt. Um keine Langeweile aufkommen zu lassen, kannst du deine Schritt- und Sprungfolgen variieren. Hüpfe zum Beispiel mit und ohne Zwischensprung auf der Stelle, mache einbeinige Hopser oder versuche dich an doppelten Seilschlägen oder Sprüngen mit verkreuzten Armen. Wenn du genug Platz hast, kannst du es auch einmal mit Seilspringen im Laufen probieren.

18

ENDLICH KRAULEN LERNEN

Du wirst im Wasser ständig überholt, weil du beim Schulschwimmen nie über die Brustlage hinausgekommen bist? Denk doch mal über einen Lagenwechsel nach. Viele Schwimmbäder bieten spezielle Kraulkurse für Erwachsene an. Kraulschwimmen ist zwar nicht so kompliziert, wie es aussieht, in puncto Koordination und Technik aber herausfordernd genug, um Körper und Geist für eine Weile völlig auszulasten.

19

HANDSTAND

Manchmal hilft ein Perspektivwechsel, um ein bisschen gelassener auf die Welt zu blicken. Versuch es doch einmal mit einem Handstand – gerne an der Wand. Die Überkopfhaltung sorgt für eine bessere Durchblutung des Gehirns und damit für gute Stimmung. Dass Oberkörper und Schultern gekräftigt werden, ist auch nicht von Nachteil.

Wenn du vergessen hast, wie es geht, kannst du nach der folgenden Anleitung einen Handstand mit dem Gesicht zur Wand üben:

- Wende dich von der Wand ab und lege deine Handflächen in Schulterbreite auf dem Boden ab.

- Gehe mit den Füßen langsam die Wand hinauf, bis du so aufrecht wie möglich stehst.

- Gehe dann mit den Händen in Richtung Wand.

- Halte die Position so lange, wie du es schaffst.

Wenn du dich bei dieser Variante sicher fühlst, kannst du zum Handstand wie in Kindertagen übergehen:

- Stelle dich mit dem Gesicht zur Wand hin. Lege dann die Handflächen schulterbreit auf dem Boden ab.

- Springe aus dieser Haltung in den Handstand.

- Versuche, den Handstand 60 Sekunden lang zu halten. Probiere immer wieder mal aus, ob du auch frei stehen kannst.

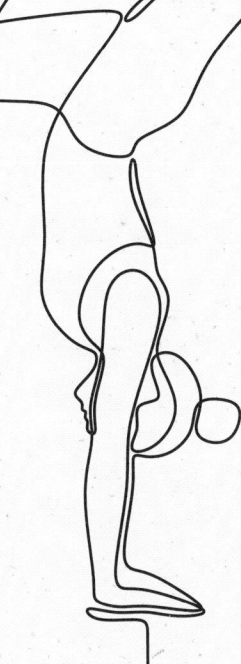

20

BIKE TO WORK? BIKE TO WORK!

Es ist ja so: Alle wissen, dass es Geist, Körper und Umwelt gut täte, mit dem Fahrrad zur Arbeit zu fahren, statt das Auto zu nehmen. Fakt ist aber auch, dass sich spontan etliche Gründe finden, es doch nicht zu tun. Da hilft nur eins: die Bike-to-work-Challenge mit Kolleginnen und Kollegen.

Legt einen Zeitraum fest, in dem ihr möglichst oft mit dem Rad zur Arbeit fahren wollt, im Zweifel eher im Frühjahr oder Sommer. Dann erstellt ihr eine digitale Liste, in der die Teilnehmenden die Tage notieren können, an denen sie mit dem Rad gekommen sind. Besonders motivierend ist es natürlich, wenn am Ende ein kleiner Preis wartet.

21

HULA-HOOP

Hula-Hoop ist ein wirkungsvolles Ganzkörpertraining: Es mobilisiert deine Wirbelsäule, kräftigt Bauch- und Rückenmuskulatur, bringt den Kreislauf in Schwung, trainiert Koordination und Balance, massiert die Haut und regt den Stoffwechsel an – und dazu macht es auch noch Spaß. Wenn deine Laune eigentlich im Keller ist und der Alltag trist und grau erscheint, haben fünf Minuten Hula-Hoop mit Musik das Zeug zum echten Gamechanger.

22

BADMINTON

Mit dem temporeichen Rückschlagspiel aus England schlägst du gleich mehrere Fliegen mit einer Klappe. Die schnellen Antritte, die es braucht, um den Ball zu erreichen, sind ganz schön anstrengend, und Anstrengung trägt nachweislich zum Abbau von Stress und Ängsten bei. Und nicht nur das: Aufgrund seiner Schnelligkeit erfordert Badminton rasche Entscheidungen und eine hohe Konzentration. Das verbessert deine kognitiven Funktionen.

Badminton stellt hohe Anforderungen an die Gelenkigkeit und verbessert Gleichgewicht, Ballgefühl, Orientierung und Reaktionsvermögen. Und aufgrund der relativ langen Spieldauer – ein Spiel über mehrere Sätze braucht seine Zeit ... – trainiert man auch noch seine Ausdauer.

Vor dem Match sind intensives Aufwärmen mit Dehnung, insbesondere von Bauch, Rücken und Beinen, und Übungen für die stark beanspruchten Fußgelenke, das Hüftgelenk und die Schultergelenke Pflicht. Im Internet findest du dazu viele Tipps von Sport- und Gesundheitsprofis.

Vielleicht willst du es aber auch ruhiger angehen lassen. Dann ist Federball die bessere Wahl für dich. Da geht es nicht um Schnelligkeit, sondern darum, den Ball so lange wie möglich in der Luft zu halten. Besonders meditativ ist dabei das Mitzählen der Ballwechsel.

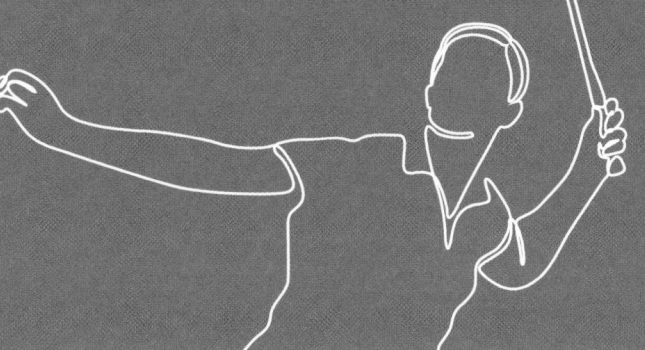

23

TISCHTENNIS

Eine tolle Möglichkeit, um in der Mittagspause abzuschalten und den Kreislauf ein bisschen in Gang zu bringen, ist ein Tischtennismatch. Tischtennisplatten gibt es auf fast jedem Spielplatz oder im Park. Und du brauchst nichts weiter als jemanden, der mitspielt, bequeme Schuhe, Schläger und Ball. Und falls weitere Kollegen und Kolleginnen mitmachen wollen, spielt ihr einfach Rundlauf. Wie früher auf dem Schulhof.

24

EYE OF THE TIGER

Kannst du dich noch an Rocky erinnern? Super Filmmusik und Silvester Stallone, der im Boxring an seine Grenzen geht. Doch keine Sorge: Du musst nicht selbst in den Ring steigen, das Training alleine reicht vollkommen. Du kannst dich dabei völlig auspowern, trainierst alle Muskeln deines Körpers und bist nach einer Weile so fit wie nie zuvor. Das neue Körpergefühl lässt dich strahlen, garantiert – und Gedankenspiralen haben immer weniger Platz. Schnupper mal in einen Boxclub in deiner Nähe rein und lass dich überzeugen.

25

WALL-SIT-CHALLENGE

Die schöne Beschäftigung des Wandsitzens ist dir bestimmt schon mehr als einmal auf Instagram und Co. begegnet. Was hältst du von einer kleinen Wall-sit-Challenge zusammen mit deinen Kollegen und Kolleginnen oder der Familie, nach dem Motto: Gemeinsamkeit macht stark? Nach einem Monat habt ihr dann alle extrem straffe Beine und einen durchtrainierten Po, und wer will, misst sich im finalen Wett-Wandsitzen.

Das Programm für die Challenge

In den ersten beiden Wochen legt ihr die Grundlagen für euren Erfolg und übt in jeder Woche wie folgt:

1.– 3. Tag: Drei Durchgänge à 20 Sekunden (Pausen zwischen den Durchgängen: 30 Sekunden)

4. Tag: Ruhetag

5.–7. Tag: Vier Durchgänge à 25 Sekunden (Pausen zwischen den Durchgängen: 25 Sekunden)

In den letzten beiden Wochen intensiviert und steigert ihr euer Training nach folgendem Wochenplan:

1.– 3. Tag: Vier Durchgänge Wandsitzen à 30 Sekunden (Pausen zwischen den Durchgängen: 25 Sekunden), außerdem nach jedem Durchgang Wandsitzen noch 10 Kniebeugen.

4. Tag: Ruhetag

5.–7. Tag: Vier Durchgänge Wandsitzen à 35 Sekunden (Pausen zwischen den Durchgängen: 20 Sekunden), außerdem nach jedem Durchgang Wandsitzen noch 15 Kniebeugen.

WIRKLICH WICHTIG:

Achtet auf eine korrekte Ausführung der Übung: Rücken an der Wand, Knie im rechten Winkel, Füße hüftbreit auseinander. Und Aufwärmen vor dem Training nicht vergessen. Steigt ein paar Treppen hoch, tanzt eine Runde oder lauft ein bisschen auf der Stelle.

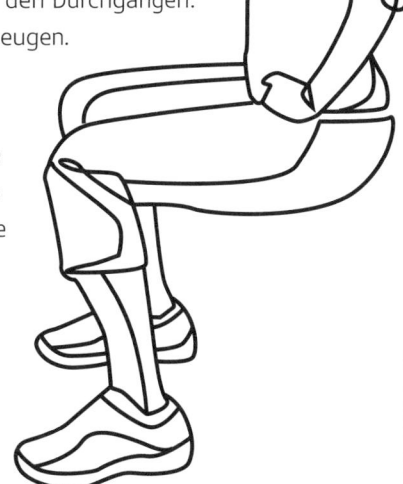

ABSCHALT-QUICKIES FÜR ZWISCHENDURCH

EINFACH, ABER WIRKUNGSVOLL!

Es muss kein ganzer Tag sein und auch keine ganze Stunde ...
Um mal abzuschalten und den Kopf durchzupusten reichen oft
auch ein paar Minuten völlig aus. „Keine Zeit!", ist hier also kein
Argument. Und nach den Abschalt-Quickies dieses Kapitels fällt es
dir dann wieder viel leichter, dich auf das zu konzentrieren, was
gerade ansteht. Viel Spaß und schönes Runterkommen!

26

IN GEDANKEN EINE REDE HALTEN

Gib deinem Geist Futter und beschäftige dich 10 Minuten mit etwas ganz anderem: Welche Themen beschäftigen dich gerade?

- Lehrermangel?
- Nützliche Gartengeräte?
- Öffentliche Verkehrsmittel?
- Schokolade?

Entscheide dich für ein Thema und stelle dann den Timer auf 10 Minuten. Überlege dir fünf Thesen und passende Argumente und baue diese dann in eine kleine Rede ein.

27

GUT ZU WISSEN!

Welche drei Telefonnummern sind für dich ganz besonders wichtig? Lerne sie auswendig! Falls dein Handy mal weg, kaputt oder leer sein sollte, ist das wirklich Gold wert.

28

SCHREIBE EINE POSTKARTE

Hast du auch immer ein paar Postkarten für alle Fälle in der Schreibtischschublade? Und liegen die da auch schon ein paar Jahre herum? Das lässt sich leicht ändern: Schreibe jetzt einem lieben Menschen und zaubere ihm damit ein Lächeln aufs Gesicht. Und während du dich gedanklich ganz auf die andere Person einstellst, gewinnst du Abstand zu dem, was dich gerade stresst.

29

LÖSE EIN RÄTSEL

Löse zum Abschalten doch mal ein Rätsel – nämlich dieses hier:

Für alle, die noch nie ein Sudoku gelöst haben, so geht's:

Das Rätselfeld besteht aus einem großen Quadrat, in dem sich neun kleine 3 x 3-Quadrate befinden. Ziel des Spieles ist es, das große Quadrat vollständig mit den Zahlen 1 bis 9 zu füllen. Dabei dürfen die Zahlen 1 bis 9 in jeder Zeile, in jeder Spalte und in jedem kleinen Quadrat nur ein einziges Mal vorkommen!

4			5		9			
8				3	7	1		2
	1						9	
		5					3	8
6								1
2	4					7		
	9						8	
7		2	8	9				4
			1		5			7

Lösung auf S. 208

30

GIRLS JUST WANNA HAVE FUN !

Beim Singen kann man wunderbar abschalten. Man konzentriert sich auf etwas völlig anderes, gleichzeitig lockern sich beim Singen die Muskeln. Die Atmung vertieft sich, Stresshormone werden abgebaut und Glückshormone ausgeschüttet. Multi-Win-win-Situation! Auf was wartest du? Leg deinen Lieblingssong auf, schnapp dir einen Kochlöffel als Mikrofon und los geht's!

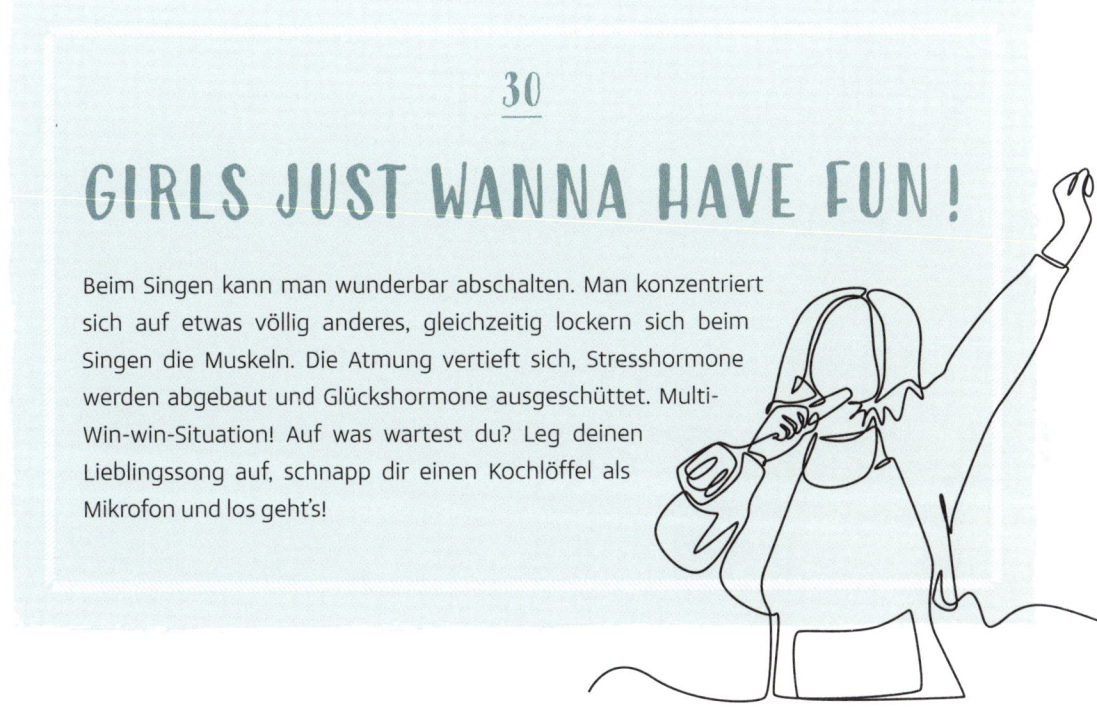

31

UND WOLKEN ZIEHEN VORÜBER ...

Stehe auf und geh zum Fenster. Schau in den Himmel und stell dir vor, dass du all deine Gedanken, Sorgen, deinen Stress oder deine Zweifel auf eine Wolke packen kannst und alles, was dich belastet, mit ihr davonzieht.

Es ist schönes Wetter und du findest weit und breit keine Wolke? Dann halte Ausschau nach einem Flugzeug oder einem Vogel!

32

VON DER ÄUßEREN ZUR INNEREN BALANCE

Ein einfacher Trick, sich aus dem Strom von Gedanken, die einen nicht loslassen wollen, herauszuziehen: Beschäftige dein Gehirn mit einer Balance-Übung. Anders formuliert: Wenn dir mal wieder alles zu viel ist, stell dich auf ein Bein!

Stell dich aufrecht hin und ziehe das Bein – rechts oder links kannst du dir aussuchen – so weit hoch, dass das Knie ungefähr auf Hüfthöhe ist. Du kannst auch mit den Armen nachhelfen: Umfasse dein Schienbein unterhalb des Knies und ziehe es zu dir heran.

Fixiere einen Punkt vor dir und bemühe dich, möglichst ein paar Minuten in dieser Haltung zu bleiben. Atme dabei bewusst tief in Bauch und Rücken ein.

33

KANNST DU DAS MIT LINKS?

Schreibe einen Einkaufszettel mit der linken Hand. Für Linkshänder:innen gilt dasselbe natürlich für die rechte Hand. Wenn es gar nicht klappt: kein Problem! Hier geht es einfach nur darum, es zu versuchen.

34

DER BERG

Die Yogaübung Berg (Tadasana) soll Körper und Geist zur Ruhe bringen. Sie öffnet den Brustkorb, erleichtert die Atmung und unterstützt eine aufrechte Körperhaltung. Dabei ist sie nur auf den ersten Blick eine einfache Position: Du wirst die Erfahrung machen, dass diese Position durchaus anspruchsvoll ist und Konzentration erfordert.

SO GEHT'S:

1. Stell dich aufrecht hin. Die Füße sind parallel und etwa hüftbreit voneinander entfernt. Die gesamte Wirbelsäule bleibt in ihrer natürlichen Haltung. Richte dich bewusst auf, halte den Kopf aufrecht und empfinde ihn als Verlängerung deiner Wirbelsäule.

2. Ziehe nun die Schulterblätter nach hinten und unten und weite dadurch deinen Brustkorb. Achte darauf, dass du dabei nicht ins Hohlkreuz fällst, sondern dass deine Wirbelsäule in ihrer natürlichen Position bleibt. Hebe dabei die Arme gestreckt zur Seite, aber nicht rechtwinklig, sondern in einem Winkel von etwa 45 Grad, sodass die Fingerspitzen seitlich von dir auf den Boden zeigen. Atme dabei tief ein und aus und verharre einige Atemzüge lang in dieser Position. Anschließend stell dich wieder locker hin.

3. Wiederhole den Wechsel von Spannung und Entspannung vier- bis sechsmal. Mit der Zeit kannst du die Zahl der Wiederholungen ebenso steigern wie die Intensität der Muskelkontraktion.

35

LACH MAL WIEDER!

Du hast sicher schon mal von Lach-Yoga gehört, oder? Es mag sich vielleicht erst einmal befremdlich anhören – aber probier es unbedingt einmal aus. Es ist im Prinzip wie im Schwimmbad auf dem Dreier: Wenn du dich einmal überwunden hast, fängt es an, richtig Spaß zu machen!

SO GEHT'S:

Stell dich aufrecht hin, die Beine sind leicht gegrätscht. Nimm zuerst einmal drei tiefe Atemzüge. Atme durch die Nase ein und durch den Mund aus. Nimm dabei die Arme locker mit: Beim Einatmen nach oben, beim Ausatmen nach unten.

Atme nun tief durch die Nase ein. Die Arme gehen seitlich nach oben, bis sie über dem Kopf gestreckt sind. Nun lass alles los: Atme laut lachend durch den Mund aus und lass dabei den Oberkörper nach vorne sinken. Die Arme gehen zu den Füßen.

Wiederhole die Übung einige Male. Fünf Mal sollten es mindestens sein, du kannst aber auch gerne mehr Wiederholungen machen.

WAS BRINGT'S?

Anfänglich hört sich dein Lachen für dich möglicherweise künstlich an, das macht aber nichts! Für dein Gehirn ist es irrelevant, ob du spontan und herzhaft lachst, oder ob das Lachen bewusst herbeigeführt wird.

Lachen ist der größte Gegenspieler von Stress, Anspannung und schlechter Laune, denn Lachen senkt die Konzentration der Stresshormone Adrenalin und Cortisol. Gleichzeitig werden beim Lachen Endorphine, die sogenannten Glückshormone, ausgeschüttet. Durch die tiefe Einatmung und die rhythmische Bewegung der Bauch- und Brustmuskeln, die beim Lachen aktiviert werden, erhält dein Körper eine Extraportion Sauerstoff und auch dein Gehirn wird besser durchblutet. Durch die Armbewegungen wird der Schulterbereich gelockert. Nach dieser Übung bist du garantiert entspannter, zufriedener und frischer als vorher!

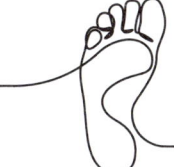
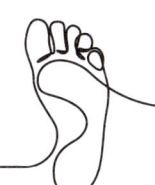

36

FUSSMASSAGE

Wenn du gestresst und angespannt bist, hat das nicht nur Auswirkungen auf deinen Geist. Auch unser Körper ist davon betroffen, denn wir verkrampfen. Nimm dir 10 Minuten Zeit für eine entspannende Fußmassage!

SO GEHT'S:

1. Mach es dir auf der Couch bequem. Strecke das rechte Bein locker aus, leg ein Handtuch über den Oberschenkel und ziehe das linke Bein an. Leg den linken Fuß über den rechten Oberschenkel.

2. Öle den Fuß etwas ein, bilde mit der rechten Hand eine Faust und fahre mit den Handknöcheln mehrere Male über die linke Fußsohle auf und ab.

3. Massiere mit einem oder beiden Daumen spiralförmig in kleinen Bewegungen von der Ferse zu den Zehen. Dreimal wiederholen.

4. Nun massiere den Fußrücken: Fahre mit den Fingerspitzen der linken Hand mehrfach in kreisenden Bewegungen vom Knöchel zu den Zehen.

5. Fasse dann die Zehen und kreise sanft jeden einzelnen fünfmal in Richtung Uhrzeigersinn und zurück. Abschließend den Fuß mit beiden Handflächen ausstreichen.

6. Alle Griffe anschließend am rechten Fuß wiederholen.

37

P.A.U.S.E.

Bilde fünf Sätze, in denen die Wörter jeweils mit den Buchstaben von „Pause" beginnen. Beispiel gefällig? Pfifferlinge aus Usedom schmecken einzigartig.

38

SUMM DICH LOCKER!

Brahmari – so heißt die Atemübung, um die es hier geht und die dir, falls du Yoga praktizierst, eventuell schon bekannt ist: Beim Ausatmen summst du wie eine Biene. Dabei entsteht Vibration in deinem Körper, bei der dein Kopf, dein Nacken und der gesamte Brustraum besser durchblutet und dabei gelockert werden. Abgesehen davon passiert ein kleines Wunder: Deine Stimmung hellt sich auf, dein Geist wird heiter und leicht!

SO GEHT'S:

Setze dich locker aufrecht auf den Boden, der Rücken lehnt an einer Wand. Lege dann sanft beide Hände vor dein Gesicht. Die Daumen verschließen die Ohren, die Zeigefinger die Augen, die Mittelfingerkuppen liegen seitlich der Nase, die Ringfinger auf der Oberlippe und die kleinen Finger auf der Unterlippe. Werde ganz still und lausche eine Weile dem Geräusch deines Atems.

Atme nun weiter durch die Nase tief ein und aus. Summe beim Ausatmen wie eine Biene. Das gelingt dir fast wie von selbst, wenn du deine Zunge locker lässt, den inneren Raum weitest und sowohl den Kiefer als auch die Lippen entspannst.

Wenn deine Arme beginnen müde zu werden, beende die Übung. Spüre der Vibration in deinem Inneren noch ein paar Atemzüge nach. Dann öffne die Augen, bewege Arme und Schultern und komme auf die Füße. Richte dich langsam, Wirbel für Wirbel auf.

39

RAUS AN DIE FRISCHE LUFT!

Statt die Mittagspause am Handy zu verbringen oder im Internet zu surfen, kannst du sie auch offline und ganz analog an der frischen Luft verbringen. Egal bei welchem Wetter! Dick einpacken oder Sonnencreme auftragen und dann einfach mal 30 Minuten durch den nächsten Park oder um die Häuser laufen.

40

MUNDAKROBATIK

Sag diese drei Zungenbrecher jeweils dreimal nacheinander laut auf:

- „Zwanzig Zwerge üben Handstand, zehn am Sandstrand und zehn im Wandschrank."

- „Schmalspurbahnschienen sind schmaler als Breitspurbahnschienen."

- „Wer andern eine Bratwurst brät hat wohl ein Bratwurstbratgerät."

41

LAAAAANGE ATEMZÜGE

Wenn du gestresst bist, wird dein Atem kurz und flach. Wenn du dagegen lang und tief ein- und ausatmest, verringerst du dein Stresslevel. Einfach mal ausprobieren! Du wirst erstaunt sein, wie viel sich dabei ganz unmittelbar an deinem Zustand ändert. Du kannst diese Mini-Pause über den Tag verteilt immer mal wieder einlegen. Wirkt Wunder!

42

FUßGYMNASTIK

Heute gibt's Muskeltraining der besonderen Art: Zieh deine Schuhe und Strümfe aus und hebe mit deinen Zehen ein Tuch vom Boden auf. Wiederhole die Übung pro Fuß zehnmal. Die Übung hilft dir nicht nur dabei, abzuschalten, sondern kräftigt zudem auch deine Fußmuskulatur. Win-Win!

43
EINFACH MAL NICHTS TUN

Probier mal aus, was mit dir geschieht, wenn du einfach mal nichts tust. Keinen Kaffee holst, keine Zigarette rauchst, nichts im Handy suchst und dich auch mit niemandem unterhältst. Setz dich stattdessen einfach hin, halte die Hände locker im Schoß und tue: nichts. Für die allermeisten von uns ist das eine ganz ungewohnte und seltene Erfahrung. Die du unbedingt mal machen solltest. Denn eine Pause ganz ohne Input kann dich in kurzer Zeit mal so richtig abschalten!

44
MMMMMH! DAS SCHMECKT!

Nimm ein kleines Stückchen Schokolade in den Mund und genieße es so lange wie möglich. Das heißt: Lass es im Mund zergehen, nimm den Geschmack ganz intensiv wahr und spüre der cremigen Konsistenz und dem unwiderstehlichen Aroma nach. Was für ein herrlicher Moment!

45
SONNENLICHT TANKEN

Such dir ein helles Fleckchen, halte deine Nase in die Sonne und fülle deinen Vitamin-D-Vorrat auf. Das wirkt Wunder! Stress und Ärger sind mit diesem 10-Minuten-Urlaub wie weggeblasen! Wichtig: Eincremen nicht vergessen!

LASS DIR DEN KOPF FREIPUSTEN!

Du hängst schon wieder viel zu oft in stressigen Gedankenschleifen? Vor lauter Grübeln kommst du aber keinen Schritt weiter? Manchmal hilft es, sich 5 Minuten Zeit für einen tiefsinnigen Ausflug zu nehmen. Danach kannst du dich wieder aufs Tagesgeschäft konzentrieren. Ganz sicher!

46

Findest du die Welt eher gut oder eher schlecht?

Wenn man sich die Krisenherde auf der Welt so ansieht oder die Umweltzerstörung, dann könnte man denken, die Antwort ist schnell gefunden. Aber gleichzeitig gibt es natürlich auch viel Positives – Solidarität, Naturwunder, Freundschaften und Liebe. Wie sieht es bei dir aus? Wohin tendiert die Waagschale?

47

Wessen Erfolg ist dir ein Rätsel?

Ob B-Prominenz aus dem Trash-TV, Politiker:innen oder hochbezahlte Fußballstars: Sicher gibt es jemanden, bei dem du dich schon öfters gefragt hast, wie er oder sie das wohl hinbekommen haben. Liste mögliche Gründe auf und starte einen Erklärungsversuch.

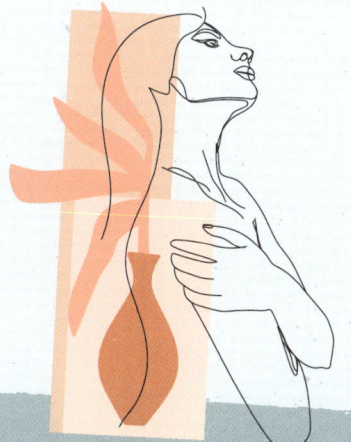

48

Bist du dir selbst ein guter Freund oder eine gute Freundin?

Warum ja oder warum nein? Und was macht einen guten Freund eigentlich aus? Hilfsbereitschaft? Toleranz? Verlässlichkeit? Spaß? Und ja: Auch für sich selbst kann man ein guter Freund oder eine gute Freundin sein, nicht nur für andere.

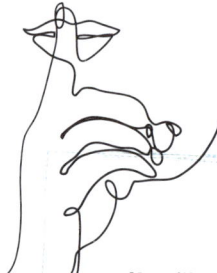

49

Wessen Meinung ist dir wichtig?

Guck genau hin und sei ganz ehrlich zu dir selbst. Und wenn dir die Antwort schlussendlich nicht so richtig gefallen sollte, dann kannst du ja in Zukunft ganz aktiv daran etwas ändern und deine Meinung an die erste Stelle setzen.

50

Worüber sprichst du nicht gerne?

Gehörst du bei manchen Themen eher zum Team: Reden ist Silber, schweigen ist Gold? Weißt du, warum das so ist? Und findest du das schade?

51

Wem möchtest du gerne wofür danken?

Und wenn du die Antwort darauf hast: Tu es einfach! Ob du das persönlich, mit einer schönen Postkarte oder telefonisch machst, ist dir überlassen.

52

Wie sähe heute dein idealer Tag aus?

Setze dir keine Grenzen. Du kannst auch ins All fliegen und zurück!

53

An welchen fünf Dingen hängt dein Herz?

Wichtig: Hier sind tatsächlich Dinge gemeint, nicht Personen. Und ziemlich sicher wirst du erstaunt sein, was nach reiflicher Überlegung und der Hinwendung zu deinem Herzen die Antwort auf die Frage ist.

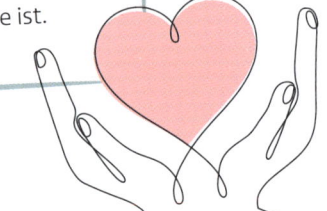

54

Was beeindruckt dich?

Ist es eine Erfindung? Oder eine bestimmte Gabe? Ein Über-sich-Hinauswachsen? Oder ist es Durchhaltevermögen? Denke nach und spüre in dich hinein.

55

Wofür möchte ich mir mehr Zeit nehmen?

Hobby, Ehrenamt, für dich selbst, für deine Kinder oder deine Freundinnen und Freunde? Die Frage ist wichtig, denn für die Antwort solltest du dir in Zukunft immer etwas mehr Zeit einräumen, als du es bisher getan hast!

56

Wofür arbeitest du?

Für den Urlaub? Neue Klamotten? Ein Auto? Die Rente? Oder weil es dir schlicht und ergreifend Spaß macht? Und über allem steht die Frage: Arbeitest du um zu leben oder lebst du, um zu arbeiten?

57

Welche Eigenschaften schätzt du an anderen Menschen ganz besonders?

Für die einen ist Mut oder Schlagfertigkeit besonders attraktiv, für die anderen Humor, Hilfsbereitschaft oder ehrenamtliches Engagement. Was fällt dir an anderen besonders positiv auf?

58

Welche Eigenschaften findest du an dir besonders liebenswert?

Niemand kennt dich so gut wie du dich selbst! Denke nach und schreibe fünf Eigenschaften von dir auf, die du richtig liebenswert findest. Du wirst sehen: Das ist ein kleiner Stimmungsbooster, der dich im Nu auf andere Gedanken bringt!

59

GLÜCK KANN MAN SCHREIBEN

Und besonders gut abschalten kannst du, wenn du versuchst, das japanische Zeichen für Glück abzumalen. So sieht es aus:

運

60

LERNE EIN GEDICHT AUSWENDIG!

Wie wär's mit diesem?

DIE DREI SPATZEN

In einem leeren Haselstrauch,
da sitzen drei Spatzen, Bauch an Bauch.
Der Erich rechts und links der Franz
und mittendrin der freche Hans.
Sie haben die Augen zu, ganz zu,
und obendrüber, da schneit es, hu!
Sie rücken zusammen dicht an dicht,
so warm wie Hans hat's niemand nicht.
Sie hör'n alle drei ihrer Herzlein Gepoch.
Und wenn sie nicht weg sind, so sitzen sie noch.

Christian Morgenstern

61

KOPF HOCH!

Bemerkst du auch bei dir, dass sich deine Nackenmuskulatur verkrampft, wenn du selbst angespannt bist? Aber genauso, wie Stress und Anspannung deine Nackenmuskeln verkrampfen lassen, können gedehnte und entspannte Nackenmuskeln deinen Stresspegel senken. Einfach mal ausprobieren!

SO GEHT'S:

Zieh die Schultern nach unten und Ohren und Hinterkopf nach oben. Nimm einige tiefe Atemzüge und befrage dich ruhig dabei: Was bedrückt mich? Wer sich selbst zuhört, bekommt auch eine Antwort. Wiederhole die Übung mehrfach am Tag, immer mal wieder.

62

HELLO AGAIN ...

Lerne heute „Hallo" und „Tschüss" in verschiedenen Sprachen. Du konzentrierst dich damit auf etwas völlig anderes und lernst gleichzeitig etwas sehr Nützliches!

JAPANISCH
Hallo = Konnichiwa
Tschüss = Sayonara

ARABISCH
Hallo = Ahlan
Tschüss = Alwadae

KOREANISCH
Hallo = Annyeonghaseyo
Tschüss = Annyeong

CHINESISCH
Hallo = Nǐ hǎo (für eine einzige Person),
Nǐmen hǎo (für mehrere Personen)
Tschüss = Zàijiàn

HINDI
Hallo = Namaste
Tschüss = Alvida

63

MIT ALLEN SINNEN WAHRNEHMEN

Schließe die Augen und konzentriere dich voll und ganz auf dein Gehör. Was hörst du? Stimmen? Vogelzwitschern? Etwas, das du nicht einordnen kannst? Wie viele unterschiedliche Geräusche nimmst du wahr?

64

ENTSPANNUNG GESUCHT

Im folgenden Silbensalat finden sich neun Begriffe rund ums Abschalten. Abschalten selbst ist einer davon. Kannst du die anderen acht herausfinden? Trenne die einzelnen Silben ab und setze sie neu zusammen.

PAUCKERSPANCHILSCHALRUNTENTERMENLENENTNENLOMALOSSERUERUNGABKOMCHEN SENFRISCHLASHE

65

WORTREICH

Stell dir den Wecker auf 5 Minuten und setze die folgenden Buchstaben zu möglichst vielen Begriffen zusammen! Pro Begriff musst du dabei nicht alle verwenden.

I-W-A-T-S-E-R-R-E-W-E-K-M-L-Z-E-Z-R-B-A-A-E-I-L

LÖSUNG: Ergibt u. a.: Malzbier, zwar, Wesel, Kabelsalat, Isar, weil, Zweig, Zebra, Basel, Beil ...

66

VORFREUDE STEIGERN

Steiger deine Vorfreude auf einen Ausflug, den du schon längst einmal machen wolltest. Das Museum in der Nachbarstadt? Die Radtour, von der deine Freundin so begeistert war? Egal was du schon längst mal unternehmen wolltest: Nimm dir 20 Minuten Zeit und plane einen Ausflug ganz für dich alleine! Wann unternimmst du ihn? Wo gehst du unterwegs etwas essen oder trinken? Wie kommst du hin?

Die Planung ist fast so schön wie der Ausflug selbst und versetzt dich automatisch in eine positive und entspannte Stimmung! Einfach mal ausprobieren.

EINE RUHIGE KUGEL SCHIEBEN –

MIT MEDITATION, GEDANKENREISEN, KÖRPERPFLEGE UND CO.

Eigentlich logisch: Wenn man abschalten möchte sind Ideen, die für mehr Ruhe sorgen, ziemlich naheliegend. Eigentlich ... Für die allermeisten von uns ist aber genau das ganz ungewohntes Terrain. Den Blick nicht nach außen, sondern nach innen zu richten, zuzulassen, dass (fast) nichts passiert und dabei nicht unruhig zu werden – in Zeiten von höher, schneller, weiter ist das erst einmal ungewohnt. Doch mit den folgenden Ideen wird es auch dir in Zukunft leichter fallen, einfach mal eine ruhige Kugel zu schieben und auf tiefe Weise abzuschalten.

67

ANHALTEN ZUM INNEHALTEN

Nerven dich rote Ampeln? Achtung, das trägt nicht gerade zu Gelassenheit bei. Probiere stattdessen doch einmal, dir in der Wartezeit an der Ampel Farben und Formen der Häuser an der Kreuzung einzuprägen und später gedanklich wieder abzurufen. Das senkt nicht nur das Stresslevel, sondern verbessert auch noch deine Ortskenntnis.

68

BAUCHATMUNG

Die Bauchatmung verspricht maximale Entspannung gepaart mit einem Energieschub.

SO GEHT'S:

- Nimm eine bequeme Position ein, am besten in Rückenlage.

- Lege nun eine Hand auf den Bauch und atme langsam durch die Nase in den Bauch ein. Dabei wölbt sich der Bauch nach außen und ist stärker angehoben als die Brust.

- Dann langsam durch die geöffneten Lippen wieder ausatmen.

Wiederhole das mindestens 5 Minuten lang. Die Übung entspannt nicht nur den Geist, sondern auch den Körper: Der Blutdruck sinkt, die Verdauung wird durch die Massage der Eingeweide gefördert und der Rückfluss des Blutes zum Herzen wird verbessert.

69

PROGRESSIVE MUSKELENTSPANNUNG

Die progressive Muskelentspannung gilt als besonders nachhaltiges Mittel gegen Stress und Verspannungen. Die Technik besteht darin, verschiedene Muskelgruppen nacheinander in einem möglichst gleichbleibenden Rhythmus anzuspannen und zu entspannen. Das hilft, psychische und körperliche Unruhe, Stress und sogar Schmerzen zu lindern und das seelische und körperliche Gleichgewicht zu verbessern. Anleitungen in Text und Bild findest du im Netz, außerdem gibt es reichlich Kursangebote, beispielsweise von Volkshochschulen und Krankenkassen.

70

WOHNUNGSSURFEN

Schlecht gelaunt und überarbeitet? Dagegen helfen virtuelle Wohnungsbesichtigungen in den Städten und Orten deiner Wahl. Anbieter gibt es zuhauf im Netz. Du kannst dann entweder realistisch bleiben und Mieten oder Übernachtungspreise eingeben, die du dir leisten kannst. Du kannst aber auch in die Vollen gehen und dir nur Luxusimmobilien anzeigen lassen. Für welche Variante du dich auch entscheidest: Es bringt dich sicher auf andere Gedanken und weckt das Fernweh in dir.

71

STADTWANDERN

Die wohltuende Wirkung von einer Wanderung durch Feld und Wald ist hinlänglich bekannt. Probiere auch einmal eine Wanderung durch den Dschungel der Groß- oder die Straßen der Kleinstadt!

Wenn man im Alltag in der Stadt unterwegs ist, hat man im Normalfall vor allem sein Ziel vor Augen, im Zweifel den Supermarkt. Beim Stadtwandern ist eher der Weg das Ziel, und du entdeckst Winkel und Ecken, die dich überraschen werden.

72

LAUFEN MIT EINEM LÄCHELN

Joggen stresst dich, und spazieren gehen ist dir zu langweilig? Versuch's doch mal mit Slow Jogging, der perfekten Kombination aus Entspannung und Training! Das Laufen mit vielen, aber kleinen Schritten (ca. 180 in der Minute) eignet sich auch für untrainierte Menschen oder Personen mit Hüft-, Knie- und Bandscheibenproblemen. Die Faustregel ihres japanischen Erfinders für den entspannten Lauf lautet übrigens „Niko Niko" – mit einem Lächeln.

Slow Jogging hebt die Stimmung, der Kreislauf kommt in Schwung und die Muskeln werden gestärkt. Kreise vor dem Start die Fußgelenke und dehne dich ein bisschen – dann kann es auch schon losgehen. Für den Anfang hat es sich bewährt, die Schritte mitzuzählen, bei einer Frequenz von 180 *steps per minute* sind das drei Schritte in der Sekunde. Das ist zügig, aber nicht hektisch. Einsteigerinnen wechseln zwischen einer Minute Slow Jogging und 30 Sekunden Gehen, für den Anfang auch nur 5 Minuten lang. Mit zunehmender Fitness kannst du die Laufphasen langsam verlängern und die Pausen immer weiter verkürzen, bis du mindestens eine halbe Stunde am Stück durchlaufen kannst.

73

GEHMEDITATION

Die Gehmeditation hat ihre Ursprünge im Zen-Buddhismus. Sie kann dir in stressigen Zeiten helfen, Halt im Hier und Jetzt zu finden. Entscheidend für die Entspannung ist, dich ganz auf das zu konzentrieren, was du gerade tust, nämlich gehen. Fragen, die dir dabei helfen können, sind zum Beispiel: Wie setze ich meine Füße auf? Atme ich flach oder tief? Wie viele Schritte gehe ich pro Atemzug? Wie fühle ich mich? Wie ist meine Stimmung? Besonders angenehm ist eine Gehmeditation natürlich in der Natur, wo man Blumen, Pflanzen und Tierwelt auf sich wirken lassen kann, doch auch ein langsamer Gang um den Block und selbst im eigenen Wohnzimmer eignet sich für eine beruhigende Meditationseinheit.

74

BERUHIGENDE ROUTINEN

Gesunde Routinen helfen dabei, abzuschalten und zu entspannen. Man geht davon aus, dass eine neue Verhaltensweise nach drei Wochen bis acht Monaten zur Routine wird. Wenn du eher eine quirlige Frühaufsteherin bist, wird dir ein regelmäßiger kurzer Morgenspaziergang oder ein kleines Gymnastik- oder Yogaprogramm vielleicht guttun, wenn du es lieber ruhig angehen lässt, sind eine Tasse Tee oder ein ausgewogenes Frühstück vermutlich deine Sache. Bewährte Abendrituale, die dich beruhigt in den Schlaf gleiten lassen, sind zum Beispiel Tagebuchschreiben, wohltuende Körperpflege, Meditation oder Fußmassage. Was spricht dich am meisten an?

75

MIT DER STANDWAAGE INS GLEICHGEWICHT KOMMEN

Wer seine Balance trainiert, nimmt Spannungen im Körper leichter wahr. Bei der Standwaage hilft dir die Konzentration auf die Haltung außerdem dabei, deine Gedanken zur Ruhe zu bringen.

SO GEHT'S:

- Am besten übst du barfuß mit unmittelbarem Bodenkontakt auf einer stabilen Unterlage.

- Nun die Arme seitlich ausstrecken, die Fingerspitzen sind dabei lang gestreckt.

- Den Oberkörper nach vorne neigen. Gleichzeitig ein Bein nach hinten ausstrecken, bis es waagerecht zum Boden ist und Oberkörper, Kopf, Becken und Bein eine gerade Linie bilden.

- Halte die Position 30 Sekunden und wechsel dann die Seite.

76

DEHNEN STATT GÄHNEN

Dehnübungen vertreiben Stress und erfrischen den Geist. Sie lassen die Körpertemperatur ansteigen, fördern die Elastizität der Blutgefäße und begünstigen den Abtransport von Giftstoffen. Worauf wartest du also noch? Im Netz findest du reichlich Hinweise, wie du dich richtig und effektiv dehnst. Vielleicht fängst du ja mit dem Dreh-Dehnsitz an?

- Setz dich im Schneidersitz auf den Boden.

- Nun das linke Bein aufstellen und den Fuß neben dem rechten Oberschenkel abstellen.

- Oberkörper zur linken Seite drehen, dabei geht der Blick über die linke Schulter, und mit dem rechten Ellenbogen schiebst du dich weiter über das Knie in die Dehnung.

- Diese Position hältst du rund 30 Sekunden, dann wechselst du die Seite.

Wichtig: Dehne immer nur so weit, dass sich deine Position angenehm anfühlt und atme dabei ruhig weiter.

77

KURZER BODYSCAN

Ein Bodyscan ist eine Achtsamkeits-Übung, bei der du deine Aufmerksamkeit nacheinander auf verschiedene Bereiche deines Körpers richtest. Am besten nimmst du dir regelmäßig ein bisschen Zeit, um dich mit deinem Körper zu verbinden. Setze dich dazu auf einen bequemen Stuhl, stelle beide Füße auf den Boden und atme ganz bewusst und tief. Scanne nun deinen Körper von den Zehen bis zur Kopfhaut: Wie fühlt er sich an? Hast du irgendwo Verspannungen oder Schmerzen? Wie sind dein Herzschlag und deine Atmung? Achte ganz bewusst auf die Signale deines Körpers und überlege, was dir jetzt guttun könnte. Vielleicht hast du Lust, dich zu dehnen, zu bewegen oder etwas zu trinken. Tu einfach das, was dir guttut.

78

ENTSPANNT EINSCHLAFEN

Für Entspannung und Gelassenheit – und damit für guten Schlaf – ist ein hoher Serotoninspiegel wichtig. Den erreichst du, indem du – nicht zu kurz vor dem Einschlafen – Lebensmittel isst, die besonders viel L-Tryptophan enthalten. Gute L-Tryptophan-Lieferanten sind z. B. Mandeln, Cashewkerne, Samen oder dunkle Schokolade (möglichst zuckerfrei).

79

NORDIC YOGA

Seit einigen Jahren finden sich zunehmend Kurs- und Workshop-Angebote für Nordic Yoga, eine Kombination aus Nordic Walking und Yoga. Die Idee dahinter? Das Beste aus beiden Sportarten zu vereinen. Durch das Gehen kräftigst du deine Muskeln und stärkst den Kreislauf, die Yoga-Übungen verbessern Beweglichkeit, Laune und Selbstbewusstsein. Bei den Asanas kommen häufig die Gehstöcke zum Einsatz und machen damit Dinge möglich, die man als durchschnittlich Yoga-Be-gabte:r nicht unbedingt hinbekommen würde. Falls dich das anspricht: Am besten im Internet stöbern, auch einige VHS haben inzwischen Nordic Yoga im Programm.

80

ERSTE-HILFE-KASTEN

Weißt du in Krisenzeiten manchmal gar nicht mehr, wie du gegen das ganze Elend ankommen sollst? Dann freust du dich vielleicht, wenn du in besseren Zeiten eine kleine Sammlung von Karten an-gelegt hast, auf denen kleine Dinge stehen, die dir guttun – vom Kräutertee bis zum Aromaöl, vom Lieblingssong bis zum Motivationsspruch. Und wenn die nächste graue Wolke über dich hinwegzieht, kannst du einfach eine Karte ziehen und ohne großes Nachdenken das machen, was draufsteht.

81

KIEFER LOCKERN

Um abschalten zu können ist „locker bleiben" ein Gamechanger. Gar nicht so einfach, oder? Beißt du die Zähne häufiger zusammen, als es dir und deinen Zähnen guttut? Keine Angst, das passiert vielen Menschen: Wenn man sich ausdauernd anstrengt, neigen die Kiefergelenke dazu, sich zu verkrampfen, vor allem, wenn auch noch Zeitdruck herrscht. Achte einmal bewusst darauf, wann das bei dir passiert. Und steure dagegen, indem du die Kiefergelenke kräftig ausschüttelst und den herunterhängenden Kiefer hin und her bewegst. Übrigens ist es auch beim Meditieren wichtig, dass der Kiefer entspannt bleibt: Die Lippen berühren sich, die Zähne aber nicht. Im Idealfall sollte das auch im Alltag so sein.

82

ABSCHALTEN FÜR FEINSCHMECKER

Eine gute Möglichkeit, die Achterbahn des Alltags für eine Weile hinter sich zu lassen und zur Ruhe zu kommen, sind die Mahlzeiten. Je intensiver du dich auf die Nahrungsaufnahme konzentrierst, desto größer wird der Genuss. Allerdings ist es in der vollen Kantine oder im lauten Restaurant kaum möglich, ein ganzes Essen in aller Achtsamkeit zu würdigen. Nimm dir stattdessen einfach vor, den ersten Bissen besonders achtsam zu essen oder den ersten Schluck deines Milchkaffees besonders achtsam zu trinken. Wenn du dich bereit fühlst und die Situation es zulässt – zum Beispiel in der heimischen Küche –, kannst du die achtsamen Momente immer weiter ausdehnen und dich ganz auf den Geschmack und die Konsistenz einlassen, ohne Handy, ohne Zeitschriften und ohne andere Ablenkungen.

83

EIN ACHTSAMER TAG

Versuche doch einmal, einen ganzen Tag richtig gelassen zu sein, dann kommt das Abschalten bei kleinen Pausen wie von selbst. Dabei können die folgenden drei Gelassenheits-Sofortmaßnahmen helfen:

1. **Durchatmen:** Hände auf den Bauch legen, spüren, wie sich die Bauchdecke hebt und senkt, nur ans Atmen denken.

2. **Nichts tun:** Nicht lospoltern, keine bissige Antwortmail schreiben; Reaktion auf später verschieben, fortfahren mit dem, was zu tun ist.

3. **Blitzanalyse:** Konkretes Stichwort dafür finden, was genau dich gerade ausrasten lassen könnte, wie: Beleidigung, Abwertung, Ungerechtigkeit, Neid.

Und? Warst du heute den ganzen Tag entspannt? Nein? Macht nichts, denn morgen ist auch noch ein Tag!

84

MITSCHWIMMEN STATT DRÄNGELN

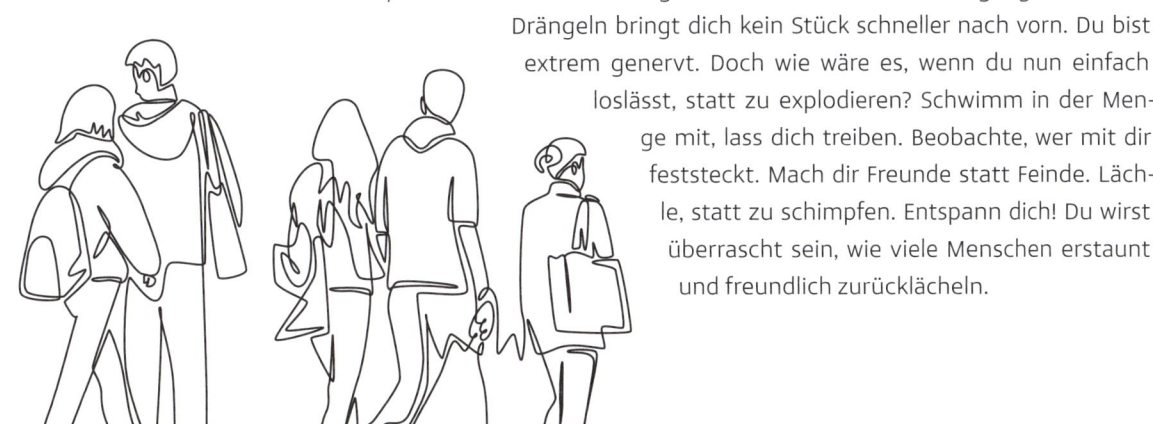

Man kennt das: Ein Geburtstag steht an, man möchte noch etwas Nettes kaufen, also los in die Stadt. Und da: *Rien ne va plus.* Du steckst in den trägen Menschenmassen der Fußgängerzone fest. Drängeln bringt dich kein Stück schneller nach vorn. Du bist extrem genervt. Doch wie wäre es, wenn du nun einfach loslässt, statt zu explodieren? Schwimm in der Menge mit, lass dich treiben. Beobachte, wer mit dir feststeckt. Mach dir Freunde statt Feinde. Lächle, statt zu schimpfen. Entspann dich! Du wirst überrascht sein, wie viele Menschen erstaunt und freundlich zurücklächeln.

85

FANTASIE- UND GEDANKENREISEN

Hast du auch manchmal Lust, einfach deine Koffer zu packen, wenn Alltag und Mental Load dich überrollen? Leider ist das spontan meistens nicht möglich. Ein kleiner Ersatz kann eine Fantasie- oder Gedankenreise sein, für die du ein bisschen Zeit und Konzentration brauchst – und eine Reiseleitung, die dir den Text vorträgt. Die mentalen Ausflüge führen oft in die Natur. Kleinigkeiten entlang des Weges wie Farben, Formen, Gerüche und Geräusche werden im Detail beschrieben, sodass du dir dazu eigene, beruhigende Bilder machen kannst. Im Internet findest du eine große Auswahl an geführten Traumreisen. Gegen Ende beginnt jeweils eine Rückholphase, dann kommst du langsam wieder in der Realität an.

SO FUNKTIONIERT'S

- 🔵 Für die Übung brauchst du eine ruhige Umgebung, gedämpftes Licht und frische Luft.

- 🔵 Leg dich entspannt auf eine Unterlage und stelle die Füße locker auf.

- 🔵 Schließe die Augen, richte deine Wahrnehmung nach innen und folge dann den Anweisungen der Sprecherin oder des Sprechers.

Bon Voyage!

86

IN TV-WELTEN ABTAUCHEN

Binge-Watching ist manchmal besser als sein Ruf. Wenn das echte Leben dir alles abverlangt, kann es ungemein tröstlich und hilfreich sein, sich mit Freud und Leid fiktiver Personen abzulenken. Es ist bisweilen wunderbar entlastend, aus sicherer Entfernung zu beobachten, wie ein Filmcharakter sich wirkungsvoll gegen den gemeinen Chef wehrt, den treulosen Boyfriend abserviert oder ein neues Leben anfängt.

87

JONGLIEREN

Jonglieren fördert Konzentration und Koordination und macht Spaß! Außerdem musst du kein Geschicklichkeitskünstler sein, um bunte Bälle durch die Luft wirbeln zu lassen – die meisten Menschen brauchen nur ein paar Stunden, bis sie die Jonglage mit drei Bällen beherrschen. Einführende Übungen und nachvollziehbare Anleitungen findest du zuhauf bei YouTube und Co.

Wenn du es schaffst, die Bälle mehr als 60 Sekunden in der Luft zu halten und konsequent trainierst, wachsen insbesondere die Hirnregionen, die fürs Lernen und die Wahrnehmung von Bewegungen im Raum zuständig sind. Am besten profitierst du von deinem Training, wenn du täglich fünf bis zehn Minuten übst. Bei akutem Verdruss und bleierner Müdigkeit reicht das schon, um Stresshormone abzubauen und wieder wacher und konzentrierter zu werden.

88

EIN DATE MIT DIR SELBST

Man neigt ja dazu, besondere Unternehmungen als Gruppenevent zu planen. Gönn dir doch zur Abwechslung einmal einen Tag allein mit dir, an dem du etwas machst, was du schon längst unternehmen wolltest. Geh ins Museum oder ins Kino, mach eine Stadtführung mit, fahr ans Meer, buche einen Tag im Wellness-Spa! Du wirst dich wundern, wie gut du abschalten kannst, wenn du nur auf dich selbst achten musst und niemand dir mit seinen Befindlichkeiten in die Quere kommt.

89

VON DER SEELE SCHREIBEN

Gerade in stressigen, sorgenvollen Zeiten ist es wichtig, nicht alles in sich hineinzufressen. Da kann es helfen, die Sorgen auf einen Zettel zu schreiben. Indem du deine Sorgen formulierst, durchbrichst du dein Gedankenkarussell und ordnest mentales Chaos. Im Anschluss kannst du den Zettel – und damit das, was dich blockiert – entsorgen.

90

FÜR GUTEN SCHLAF SORGEN

Guter Schlaf ist eine wichtige Voraussetzung für Gelassenheit bei Tag. Darum lohnt es sich, das Schlafzimmer zur Wohlfühloase zu machen, in der du Nacht für Nacht eine echte Auszeit nehmen kannst. Idealerweise sollte dich in deinem Schlafzimmer nichts an den Alltag erinnern. Darum heißt es Ordnung schaffen, für frische Luft sorgen, Bügelbrett und Wäscheständer wegräumen, für Sportgeräte dauerhaft einen neuen Platz finden. Digitale Endgeräte und Fernseher haben ebenfalls nichts im Schlafzimmer verloren. Achte außerdem darauf, dass die Einrichtung dezent gestaltet ist – Signalfarben zum Beispiel versetzen dich eher in einen Alarm- als in einen Dämmerzustand. Die möglichst dimmbaren Lichtquellen rund ums Bett sollten eine freundliche, warme Atmosphäre erzeugen. Hübsche Bettwäsche, die der Haut schmeichelt, kann auch nicht schaden ...

91

MULTITASKING MEIDEN

Machst du gerne 1000 Dinge gleichzeitig, weil dir das besonders effizient erscheint? Ist es aber gar nicht. Vermutlich hast du schon selbst gemerkt, dass beim Multitasking leicht Fehler passieren, und die machen Sorgen und vor allem Stress. Erledige lieber eine Sache nach der anderen, und das mit voller Konzentration.

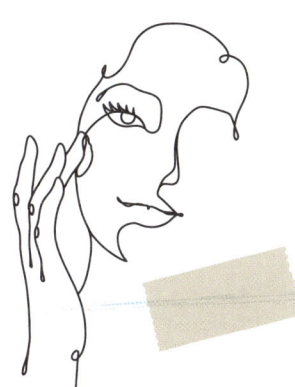

WUNDERSCHÖN
ABSCHALTEN: FÜNF
IDEEN

92

BADEWANNE MIT KERZENLICHT

Der Tag war anstrengend und dennoch bist du richtig aufgekratzt nach Hause gekommen? Dann nimm dir eine Auszeit in der Badewanne und mach es dir dort so richtig schön. Duftkerzen helfen, ein paar Tropfen Lavendelöl im Wasser beruhigen zusätzlich. Wetten, dass die Anspannung wie von Geisterhand von dir abfällt?

93

Kurpackung und Maske

Wann hast du dir das letzte Mal Zeit genommen für eine Kurpackung auf deinen Haaren und eine wohltuende Gesichtsmaske? Liegt das schon ein paar Wochen zurück? Dann wird es Zeit! Mach es dir gemütlich, hör eine entspannende Musik und pflege Haare und Haut, während du mit einem Lächeln abschaltest!

94

Mach dir schöne Augen!

Morgens muss es schnell gehen, da ist, wenn überhaupt, nicht mehr als Foundation, Mascara und ein Hauch Lipgloss drin. Es muss ja auch gar nicht mehr sein – aber manchmal macht es einfach Spaß, sich ein dramatischeres Augen-Make-up aufzutragen. Gönn dir dafür 20 Minuten Auszeit und genieße dann den ganzen Tag deine Cat Eyes!

95

Beachwaves

Du kennst das sicher: Wenn du mit deinem Spiegelbild zufrieden bist, steigert das deinen Wohlfühlfaktor. Toppen kannst du den Effekt, wenn du so aussiehst, als kämst du gerade glücklich von der Atlantikküste. Zaubere dir mit einem Lockenstab Beachwaves, Tutorials findest du im Internet zuhauf.

96

DOPAMIN DRESSING

Es gibt Musik, die uns glücklich macht, es gibt Essen, das unsere Stimmung aufhellt – und es gibt Kleider, die einfach gute Laune verbreiten. Knallige Farben, bunte Muster – das sind die Zutaten, aus denen sich dein Aufputschmittel zum Reinschlüpfen zusammensetzt. Her mit den Glückshormonen, Schluss mit dem grauen Alltag!

EINTAUCHEN
UND ABSCHALTEN:

DAS KULTURPROGRAMM ZUM RUNTERKOMMEN

Kunst und Kultur sind wie geschaffen zum Runterkommen, denn unser Kopf wird beim Kunst- und Kulturgenuss förmlich durchgepustet. Nervende Gedanken habe da einfach keinen Platz. Und während wir in eine ganz andere Welt eintauchen, kommt unser Geist mehr und mehr zur Ruhe. Das Beste daran: Solche Erlebnisse hallen nach und wir können meist noch lange davon zehren.

97

BILDER EINER AUSSTELLUNG

Bedeutet ein Museumsbesuch für dich eher einschlafen als abschalten? Schade eigentlich, denn gerade die bildende Kunst ist ein fantastisches Tor zu neuen Welten und Gedanken. Aber wenn man von Bild zu Bild spaziert und deren tieferer Sinn sich einfach nicht erschließen will, ist das in der Tat sterbenslangweilig. Falls du Lust hast, die Geschichten in und hinter den Kunstwerken zu entdecken, hilft nur eins: eine Museumsführung buchen. In vielen Museen hast du bei den verschiedenen Ausstellungen die Wahl zwischen Familien-, Feierabend-, Single-, Blitz- und queeren Rundgängen, um nur einige zu nennen. Und keine Angst, auch in puncto Kunstvermittlung hat die Welt sich verändert: Einschläfernde Vorträge sind längst Geschichte, stattdessen gibt es mitreißende und kurzweilige Geschichten und Fakten rund um Entstehung, Stil, Inhalt und Rezeption der Werke. Lass dich überraschen!

98

EXKURSION MIT VHS & CO.

Vor die Tür zu gehen, um den Kopf freizubekommen, ist immer eine gute Idee. Leichter fällt das erfahrungsgemäß, wenn man ein konkretes Ziel hat, zum Beispiel die Eisdiele nach der Wanderung. Falls dir eher nach geistiger Nahrung zumute ist, kannst du es mal mit einer Exkursion zu spannenden Stätten aus Kunst, Kultur und Architektur probieren. Angebote für Exkursionen zu modernen Gebäuden, alten Bauten, aktiven oder historischen Friedhöfen und Zeugnissen längst vergangener Zeiten bieten unter anderem Volkshochschulen, Familienbildungsstätten, Kirchen und Universitäten. Einfach mal in den Programmen der verschiedenen Anbieter stöbern.

99

LESEKREIS

Kaum ein Medium transportiert dich so schnell in fantastische, romantische, verrückte und spannende Welten wie ein Buch. Falls der Alltag es dir schwermacht, dich so in Bücher zu vertiefen, wie du das als Kind gemacht hast, ist ein Literaturkreis möglicherweise genau das Richtige für dich: Der sanfte Druck des nächsten Treffens motiviert durchaus, den inneren Schweinehund zu überwinden und ein Buch zur Hand zu nehmen, statt sich die nächste Serie vorzunehmen. Probier's aus!

100

MUSIK MACHEN

Dass Musik eine entspannende Wirkung auf die gestresste Psyche hat, ist längst bekannt. Und das gilt nicht nur fürs Zuhören. Selber machen ist auch in diesem Bereich eine tolle Alternative: Falls du dich in früheren Jahren schon mal an Klavier, Geige oder Blockflöte verwirklicht hast, ist jetzt vielleicht genau der richtige Zeitpunkt, sich noch einmal an deinem Instrument zu versuchen.

Wenn's gar nicht klappen will: Nimm zum Einstieg noch einmal ein paar Stunden Unterricht. Und für Newbies im Erwachsenenalter haben viele Musikschulen spezielle Programme, um Einsteiger:innen von der Instrumentenwahl bis zur Terminierung der Unterrichtsstunden optimal zu unterstützen. Angebote gibt es im Netz reichlich.

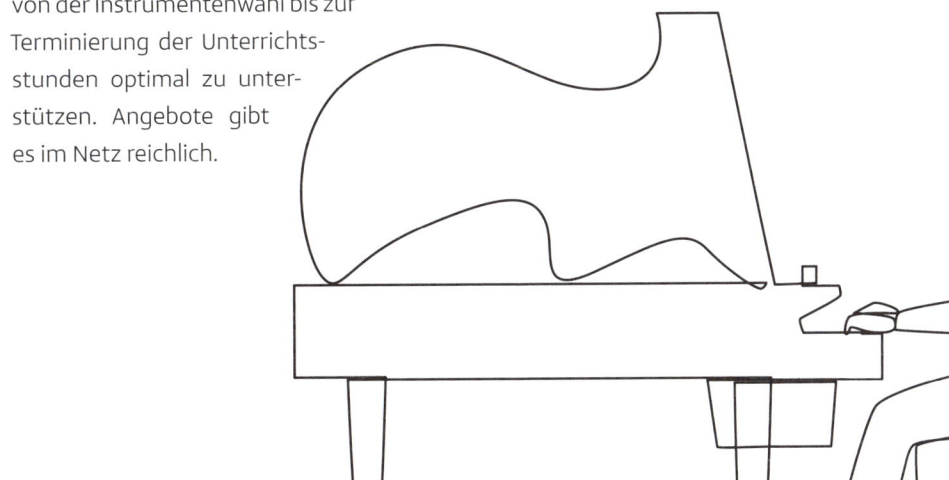

101

DURCH VIRTUELLE
GALERIEN STREIFEN

Du fühlst dich einfach zu schlapp und genervt, um dich in die feindliche Welt zu begeben und mit einem Event in Kunst und Kultur abzulenken? Dann versuche es doch mal mit der virtuellen Alternative: Seit der Corona-Pandemie haben viele Kunstmuseen große Teile ihrer Sammlungen online gestellt, sodass du Kunst aus der ganzen Welt ansehen und dabei gemütlich auf dem Sofa hocken kannst. Unter Umständen fasziniert dich ja ein Museum so sehr, dass du mal hinreisen möchtest.

Das Amsterdamer Rijksmuseum zum Beispiel zeigt nicht nur Bilder aus der Sammlung, sondern erklärt sie auch noch in kleinen Audiotexten, ebenso das Museo nacional Thyssen-Bornemisza in Madrid. Auch der Internetauftritt des MoMa ist erwartungsgemäß spektakulär, und man kann rund 90 Prozent der Sammlung online bestaunen. Worauf wartest du noch? Klick dich im Schlafanzug durch die digitalen Galerien der Kunstwelt.

102

AUFS RICHTIGE PFERD SETZEN

Lust, zum Abschalten mal was ganz Anderes zu machen? Wie wäre es mit einem Besuch auf der Pferderennbahn? Die Atmosphäre ist aufregend, das Publikum bunt gemischt und Spannung garantiert – besonders, wenn du die ein oder andere kleine Sportwette wagst. Dazu suchst du dir ein Pferd aus, auf das du setzten möchtest. Dann hast du die Möglichkeit, verschiedene Wetten zu platzieren – etwa auf Platz oder Sieg. Oder du machst eine Kombinationswette, zum Beispiel eine Dreierwette, für die du die drei Erstplatzierten in der richtigen Reihenfolge vorhersehen musst. Den Einsatz machst du dann bei einem der Wettanbieter vor Ort. Eine Alternative zum Pferderennen sind Hunderennen. Entsprechende Veranstaltungstipps gibt's im Internet und in den sozialen Medien.

103

GESANGSSTUNDE

Singen entspannt und macht gute Laune. Das weiß so ziemlich jede:r Duschensänger:in. Doch auch jenseits der heimischen Nasszelle kann Singen wunderbar von Alltagssorgen ablenken und damit die Lebensqualität signifikant verbessern. Wenn du noch ein bisschen alleine an Stimme und Repertoire arbeiten willst und dein Budget das zulässt, sind Gesangsstunden genau das Richtige für dich. Günstiger und geselliger ist das Singen im Chor. Schau und hör dich mal um – besonders in Großstädten gibt es Chöre für nahezu alle Musikrichtungen von Klassik über Jazz und Pop bis hin zum Schlager. Falls du dich lieber nicht dauerhaft verpflichten möchtest: Mitsingkonzerte, wie sie vor allem vor Festen wie Weihnachten und Karneval stattfinden, sind auch ein großer Spaß.

104

SONDERPROGRAMM KULTUR

Du hast schon lange den Plan, mehr Kultur in dein Leben zu holen, aber das Alltagsangebot reißt dich nicht gerade vom Hocker? In dem Fall sind spezielle Kulturevents wie Literatur-, Musik- und Museumstage ebenso wie Theater-, Museums- und Industrienächte auch in kleineren Städten Garant für ein abwechslungsreiches Programm, das dich möglicherweise für zukünftige Ausflüge inspiriert. Wo sonst bekommt man Einblicke in die Fahrzeuginstandhaltung bei der DB oder kann nächtlichen Lesungen im Museum lauschen?

105

MAN LERNT NIE AUS – STUDIUM GENERALE

Du hast das Gefühl, mit deinem Allgemeinwissen steht es nicht zum Besten und deine Gedanken kreisen nur noch um langweilige Alltagsprobleme? Dann klick dich durch das Programm für das Studium generale an der nächstgelegenen Hochschule. Die Lehrveranstaltungen sind öffentlich und können vielfach auch per Zoom besucht werden. Je nach Größe und Ausrichtung der Hochschule werden eine oder mehrere Ringvorlesungen von verschiedenen Fachbereichen angeboten. Und vielleicht gefällt dir das Studieren ja so gut, dass du als Gaststudent:in einsteigen willst.

106

DIE KUNST DER IMPROVISATION

Seit rund zwanzig Jahren erfreut sich das Impro-Theater, alternativ auch als Theatersport bezeichnet, stetig wachsender Beliebtheit. Vielleicht hast du ja selbst schon mal eine Impro-Show gesehen und erlebt, wie die Schauspieler:innen auf der Bühne spontan Handlung, Charaktere und Dialoge entwickeln. Dass das jede Menge Kreativität, Spontaneität und Teamarbeit erfordert, kann man sich leicht vorstellen. Was liegt da näher, als es selbst einmal zu probieren? Impro-Theater ist nicht nur was für Profis, denn es gibt ein großes Angebot an Kursen und Workshops, bei denen du trainierst, selbst auf die Bühne zu gehen, spontan zu spielen und deinem Selbstvertrauen einen Wachstumsschub zu verpassen.

107

FREMDSPRACHE LERNEN

Kurios, aber wahr: Man hat festgestellt, dass schlechte Laune sich positiv auf das analytische Denken und die Konzentration auswirkt. Was liegt da näher, die Miesepeter-Energie aus einem stressigen Arbeitstag produktiv für das Erlernen einer Fremdsprache zu nutzen? Es muss ja nicht gleich ein VHS-Kurs sein. Basiskenntnisse für den nächsten Urlaub kannst du dir locker mit einer Sprachlern-App aneignen. Und das macht dann auch wieder gute Laune.

108

VERNISSAGE BESUCHEN

Eine tolle Gelegenheit, sich spontan über aufkommende Talente oder renommierte Größen des Kunstmarktes zu informieren, Leute kennenzulernen, die man vielleicht sonst nie treffen würden, und dazu noch ein Glas Wein zu trinken, sind öffentliche Vernissagen, für die man keine spezielle Einladung braucht. Etwas exklusiver geht es auf Vernissagen zu, zu denen man eine persönliche Einladung benötigt. Um die zu bekommen, muss man aber nicht unbedingt mit Künstler:in oder Galerist:in befreundet sein. Häufig reicht es, sich bei einem vorherigen Galeriebesuch in eine Liste einzutragen, um über zukünftige Events informiert zu werden. Insbesondere, wenn der/die ausgestellte Künstler:in noch am Karriereanfang steht oder eher auf lokaler Ebene arbeitet, stehen die Chancen gut, dass schon bald eine Einladung zur Vernissage ins E-Mail-Fach flattert. Falls du dich in der Kunstszene nicht so leicht bewegst wie ein Fisch im Wasser: Betrachte das Ganze als Mutprobe zur Horizonterweiterung.

109

KLASSIKER HÖREN

Die Klassiker der Weltliteratur sind nicht umsonst berühmt geworden – und trotzdem scheitert man häufig an der Lektüre. Wenn dir das auch so geht: Lass sie dir vorlesen. Viele große Werke wurden von Menschen eingelesen, die ihr Handwerk wirklich verstehen und Texte regelrecht zum Leben erwecken, die, mit eigenen Augen gelesen, undurchdringlich scheinen. Auf Audible & Co. findest du eine riesige Auswahl, und auch in den Mediatheken der öffentlichen Rundfunkanstalten gibt es reichlich Vorlesefutter. Oder mach ein Lesetandem mit einem lieben Menschen, und ihr lest euch immer abwechselnd vor.

110

ZU EINER LESUNG GEHEN

Viele Buchhandlungen veranstalten regelmäßig Lesungen, weiterhin Büchereien, Literaturhäuser und Cafés. Wenn du deine Literaturbegeisterung mal nicht im Lesesessel, sondern gemeinsam mit anderen Menschen erleben willst und Interesse am literarischen Austausch hast, sind Lesungen ein guter Anlass, die heimische Komfortzone zu verlassen. Und meistens sind sie auch ein recht günstiges Vergnügen. Lediglich wenn nationale oder internationale Stars aus ihren neuesten Werken lesen, wird es manchmal ein bisschen teurer. Dafür lesen Newcomer:innen oft umsonst.

Wo wann was gelesen wird, verraten Stadtmagazine, lokale Kulturkalender oder Veranstaltungshinweise vor Ort. Und Lesungen gehören auf jeden Fall zu den Veranstaltungen, zu denen man alleine gehen kann, ohne sich merkwürdig vorzukommen.

111

COMIC-KUNST KENNENLERNEN

Gerade in Deutschland wurden Comics lange Zeit kaum als eigene Kunstform begriffen, ganz anders als in unseren Nachbarländern Belgien und Frankreich, wo Comic-Zeichner:innen seit jeher ein hohes Ansehen genießen. Inzwischen hat sich die Situation auch hierzulande verändert, und renommierte Museen widmen der populären Kunstform ganze Ausstellungen, bei denen Geschichte, Anspruch und Wirkung von Comics verhandelt werden. Spaß macht ein Rundgang durch die meist farbenfrohen Bildwelten auf jeden Fall, und Abwechslung vom grauen Alltag bieten sie allemal.

112

ALPHABETISCH DURCH DIE MUSIKGESCHICHTE

Falls du dazu neigst, immer wieder dieselben Lieder oder auch denselben Musikstil zu hören: Wähle deine Playlist doch einmal nach mehr oder weniger willkürlichen Kriterien aus. Ganz amüsant ist es zum Beispiel, die Songs mithilfe des Alphabets auszusuchen. Das können zum Beispiel englischsprachige Titel seit 1965 sein, die mit E beginnen. Oder, wenn es dich eher zur klassischen Musik zieht, mit Stücken von Komponisten, deren Namen mit L und P beginnen. Beim Zusammenstellen einer solchen Playlist kann eine KI praktische Hilfe leisten.

113

RADIO ODER PODCAST HÖREN

Lernen macht das Gehirn glücklich. Eine bessere Motivation, sich mit einem ganz neuen Thema zu beschäftigen, gibt es ja eigentlich nicht. Dir fehlt es an Zeit, dich in neue Inhalte zu vertiefen? Dann sind Podcasts und das gute alte Radio eine tolle Alternative. Lass dir beim Fensterputzen, Wäschefalten oder Augenbrauenzupfen etwas über die Töpferei des Mittelalters, Gartenpflege, Quantenmechanik oder die Architektur der Inka erzählen. Das lenkt vom Alltag ab und macht dich auch noch klüger.

114

KONSTRUKTIVE UNTERHALTUNG

Ein Blick über den Tellerrand kann nie schaden. Eine unterhaltsame Möglichkeit, seinen Horizont zu erweitern, ist zum Beispiel ein Diskussionsabend mit Freunden und Freundinnen. Überleg dir ein Thema, das für euch alle interessant sein könnte – von neuen Beautyroutinen bis zu Tempo 100 auf der Autobahn ist alles denkbar – und lade eine Handvoll Leute ein.

Besonders gut für den Einstieg ins Gespräch ist ein kurzer einführender Vortrag (vielleicht ist unter euch ja die ein oder andere Fachfrau, die das übernehmen könnte?) oder, je nach Thema, auch ein Erfahrungsbericht, eine kleine Anekdote oder eine kurze Meldung aus den Medien. Sonst braucht es neben ausreichend bequemen Sitzgelegenheiten, einer kleinen Getränkeauswahl, ein paar Snacks und der Bereitschaft, sich auf andere Meinungen einzulassen, eigentlich nichts.

115

POPCORN-KINO

Schnapp dir ein paar Lieblingsmenschen und geh mit ihnen ins Kino – je romantischer der Film, desto besser nachher die Laune.

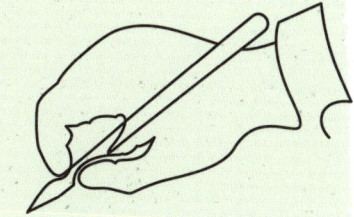

116

BRIEF SCHREIBEN

Wer schreibt, der bleibt ... auf dem Boden der Tatsachen. Ja, manchmal hilft es wirklich, sich hinzusetzen und seine kreiselnden Gedanken zu Papier zu bringen. Wenn du das im Brief-Format machst, kann das helfen, Gedanken zu ordnen und Probleme aus einer neuen Perspektive zu betrachten, sodass sie gar nicht mehr so unüberwindbar erscheinen: Reden hilft – auch in schriftlicher Form. Auch, wenn du den Brief nicht abschickst. Und falls doch, machst du dazu noch jemandem eine Freude.

117

GEZIELT ÜBER DEN FLOHMARKT GEHEN

Über den Flohmarkt zu schlendern, ist per se eine ziemlich entspannende Angelegenheit, aber manchmal sieht man auch vor lauter Bäumen den Wald nicht mehr. Wenn dir das auch so geht, hilft es, sich auf ein ganz bestimmtes Einkaufsziel zu konzentrieren, zum Beispiel einen neuen Gürtel für dein Lieblingskleid, einen passenden Deckel für die ererbte Zuckerdose, ein Comic fürs Patenkind oder einen grünen Wintermantel. Du wirst sehen: Das Jagdfieber lässt garantiert nicht lange auf sich warten.

118

STREET ART

Vermutlich ahnst du gar nicht, wie viel Street Art sich in deinem Umfeld befindet, denn viele Open-Air-Kunstwerke sind ein bisschen versteckt. Bei einer Street-Art-Führung kannst du entdecken, was deinen Augen sonst verborgen bleibt. Manchmal hast du dabei außerdem die Gelegenheit, die Kunstschaffenden bei den Touren persönlich kennenzulernen und mehr über ihre Arbeit und ihre Ideen und Konzepte zu erfahren.

119

FOTOGRAFIEREN LERNEN

Spazieren gehen ist dir zu langweilig und bringt dich noch mehr zum Grübeln? Dann gestalte deine Runden durch Park, Wald oder Stadt zu einer kleinen Fotosafari und widme dich einem Motiv deiner Wahl – Bäumen, Pflanzen, Vögeln, Haustüren, Straßenschildern, Schaufenstern oder was immer deine Aufmerksamkeit erregt. Dein Smartphone hast du vermutlich sowieso dabei. Sollte dein künstlerischer Ehrgeiz erwachen, ist vielleicht ein Fotokurs die nächste Gelegenheit, auf andere Gedanken zu kommen.

120

IN DIE KIRCHE GEHEN

Wenn dir alles zu viel wird, kann eine kurze Auszeit in der sakralen Atmosphäre der nächsten Kirche unglaublich erholsam sein. Manchmal hat man dazu noch das Glück, dass der Organist gerade probt, und man darf sich über ein kleines Privatkonzert freuen. Übrigens: Man muss gar nicht gläubig sein, um in den kühlen Gemäuern abschalten zu können.

121

KUNST ZUM FRÜHSTÜCK

Starte deinen Tag mit ein bisschen Kunst und baue auf deinem Morgentoast berühmte Gemälde nach, zum Beispiel Malewitschs *Schwarzes Quadrat* aus Butter und Nuss-Nougat-Creme – eh die beste Kombination! – oder Van Goghs Sonnenblumen aus Honig und Gurke. Ist übrigens auch für die ganze Familie ein echter Gute-Laune-Booster für den Start in den Tag.

122

KULTUR FÜR EARLY BIRDS

Dir passiert es regelmäßig, dass du auch am Sonntag zu Arbeitszeiten wach wirst und dein Arbeits- und Alltagshirn gleich mitanspringt? Dann ist das Format „Matinee" in Kino, Philharmonie oder Museum genau das Richtige für dich. Entsprechende Programme finden sich im Netz.

123

IN DIE OPER GEHEN

Opernbesuche gehören nicht gerade zu den populärsten Freizeitbeschäftigungen für Menschen unter 70. Dabei kann die Kombination aus Musik, Bühnenbild und Dramatik dich ganz schön mitreißen. Einen Versuch ist es auf jeden Fall wert.

Kleiner Tipp: Informiere dich vor der Vorstellung über die Handlung der Oper, sonst bleibt dir das Geschehen auf der Bühne leicht ein Rätsel. Gute „Anfängeropern", aus denen du möglicherweise schon die ein oder andere Arie kennst, sind zum Beispiel Mozarts *Zauberflöte* oder Puccinis *La Bohème*. Und mach dich ein bisschen schick: Der Dresscode ist zwar nicht mehr so streng wie früher, doch etwas Eleganz verleiht so einem Abend den passenden Glitzer.

124

LIEBLINGSSERIE
IM ORIGINAL GUCKEN

Dir ist nach Weltflucht, aber deine erklärte Lieblingsserie kannst du irgendwie auch nicht mehr sehen? Wenn es sich um eine ausländische Produktion handelt, könntest du dir das Ganze mal in der Originalsprache ansehen. Du wirst sehen, dass die Atmosphäre dadurch anders – und oft auch authentischer – wirkt. Und keine Angst, man wird mit der Zeit geübter, und Untertitel helfen auch.

125

MEHR ZEN IM LEBEN

Eine tolle Kombination aus Natur und Kultur sind Zen-Gärten, die man in Deutschland gar nicht so selten findet. Einige sind im Rahmen deutsch-japanischer Partnerschaften entstanden, andere sind Teil größerer botanischer Gärten oder finden sich im Umfeld asiatischer Museen. Wenn dir danach ist, in so einem Japangarten zur Ruhe zu kommen, findest du entsprechende Anlagen in deiner Nähe, zum Beispiel unter dem Stichwort „Japanischer Garten" auf der Website japandigest.de.

126

KUNSTSPAZIERGANG

Kunst im öffentlichen Raum gibt es nahezu überall, zum Beispiel auf Markt- und Museumsvorplätzen, Verkehrsinseln und Hausdächern. Allerdings guckt man oft daran vorbei. Geht dir das auch so? Dann halte beim nächsten Spaziergang durch deine Hood die Augen auf und achte ganz bewusst darauf, ob in deiner Nachbarschaft irgendwo ein kleines oder großes Kunstwerk darauf wartet, entdeckt zu werden. Und ja, auch Graffitis sind Kunst. Wer weiß, vielleicht hat sich ja an der nächsten Brücke der neue Banksy verewigt?

127

POETRY-SLAM

Eine ziemlich unterhaltsame Möglichkeit, neue Stimmen und Perspektiven in der Literaturszene kennenzulernen, sind Poetry-Slams. Bei diesen Veranstaltungen treten Menschen mit ihren selbst geschriebenen Gedichten auf der Bühne gegeneinander an, und sie haben nur eine bestimmte Zeit, die Jury oder das Publikum mit ihrer Performance und natürlich ihrem Werk zu überzeugen. Häufig geht es bei Poetry-Slams ziemlich lustig zu, aber es kommen durchaus auch nachdenkliche, tiefgründige Gedichte zum Vortrag. Eigentlich ist für jeden etwas dabei, sicher auch für dich.

128

PERFORMANCE-KUNST

In der Performance-Kunst, in der häufig die Disziplinen Theater, Installation und Tanz zusammenfinden, geht es im Wesentlichen darum, die Grenzen zwischen Kunst und Alltag zu durchbrechen und Ästhetik als Teil der Wirklichkeit erfahrbar zu machen. Das klingt dir zu abstrakt? Dann hilft nur eins: Probier es selbst aus. Performances sind zwar nicht gerade alltäglich, finden aber immer wieder zum Beispiel im Rahmenprogramm großer Ausstellungen statt. Und wenn sich die Gelegenheit ergibt: Einfach mal machen! Auch wenn der Sinn des Werkes dir nicht klar wird, ist es auf jeden Fall eine besondere Erfahrung, als Zuschauer:in Teil eines Kunstwerkes zu werden.

KREATIV ABSCHALTEN

UND DABEI SCHÖNES SCHAFFEN

Wir alle können kreativ sein. Bei manch einem oder einer muss die Kreativität nur ein wenig wachgeküsst werden – zum Beispiel mit unseren vielfältigen Ideen.

Sobald du den ersten Schritt gemacht hast und je häufiger du eine kreative Pause einlegst, desto einfacher wird es dir fallen, vom Müssen und Sollen zum Können und Wollen zu wechseln, einfach mal lockerzulassen und dabei wunderbar abzuschalten. Kleiner Tipp: Etwas Musik im Hintergrund ist immer hilfreich, um kreative Blockaden zu lösen. Probier es aus!

129

BATIKEN

Es läuft nicht rund, und zu allem Überfluss hast du auch noch die weiße Bettwäsche verfärbt? Jetzt heißt es: positiv denken: Nimm das Malheur zum Anlass, mehr Farbe in dein Leben zu bringen und den Laken per Batiktechnik ein fröhliches Make-over zu verpassen. Die typischen Batikeffekte lassen sich auf unterschiedliche Weise erzielen, zum Beispiel durch Abbinden des Stoffes. Du findest im Internet viele wirklich gute Seiten, auf denen die verschiedenen Techniken ausführlich beschrieben werden. Und färben kann man fast alles, vom T-Shirt bis zur Socke – Hauptsache, der Stoff hat einen hohen Baumwollanteil.

130

STOFFTASCHEN GESTALTEN

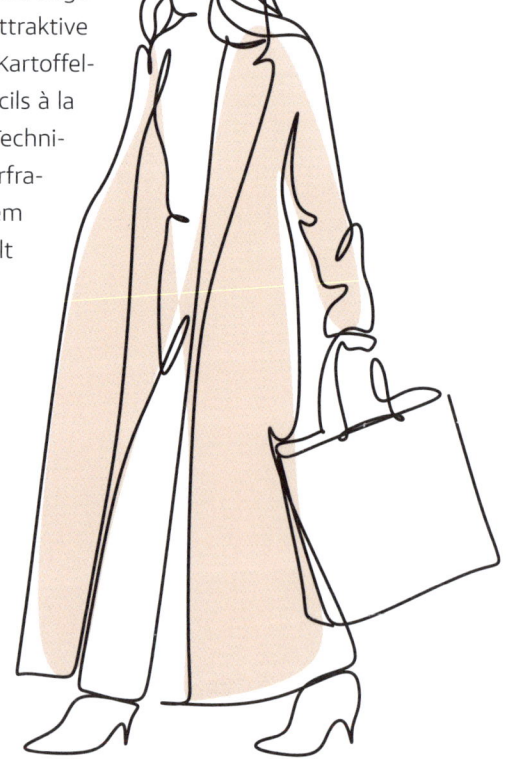

Der gute alte Stoffbeutel hat sein einst wenig glamouröses Image schon lange abgelegt und ist zum Handtaschenersatz avanciert. Allerdings muss man für schöne Modelle von Museen, exklusiven Modemarken oder angesagten Bands vergleichsweise hohe Preise zahlen. Da ist DIY eine attraktive Alternative. Verzieren kannst du deinen Beutel zum Beispiel per Kartoffeldruck, mit Textil- oder Sprühfarben – besonders gut sehen Stencils à la Banksy aus – oder auch Stickereien. Wie man die verschiedenen Techniken anwendet, kannst du in Blogs nachlesen, im Kreativmarkt erfragen oder per Video-Tutorial lernen. Und das Beste ist: Bei so einem Projekt kommt man schnell ins Designfieber und vergisst die Welt um sich herum.

131

TATTOO ZEICHNEN

Du träumst von einem Tattoo, findest aber nicht das passende Motiv? Denn greif selbst zum Zeichenstift und mach deinen eigenen Entwurf. Falls dein künstlerisches Talent nicht reicht: Bitte eine:n Freund:in, dich zu unterstützen.

132

MACH MAKRAMEE

Die Knotentechnik Makramee gelangte aus der arabischen Welt nach Europa. Dort geriet die Handarbeitsszene in den 1970er-Jahren in einen regelrechten Knüpfrausch, und in deutschen Wohnzimmern entstanden ungezählte Pflanzenampeln. Die Basistechniken sind leicht zu erlernen, und aus der Kombination der verschiedenen Muster und Knoten entstehen tolle Wandbehänge, Armbänder, besagte Blumenampeln, Schlüsselanhänger, Lesezeichen u.v.m. Und das Gute ist: Sobald du ein bisschen Übung hast, kannst du auch ohne Vorlagen arbeiten. Ein Grund mehr, Fäden zu verknoten statt Probleme zu wälzen.

133

GRUSSKARTEN BASTELN

Grußkarten machen das Leben eindeutig schöner, Grußkarten basteln manchmal noch mehr. Sich ausgiebig mit der Auswahl von Motiv, Arbeitsmaterialien, Design und Farben zu beschäftigen, hat etwas ungemein Kontemplatives. Wenn man dann noch einen lieben Menschen damit beglückt, macht das richtig gute Laune. Wirklich.

134

KLEIDER ENTWERFEN

Wenn die Shoppingtour nicht glücklich macht, sondern die schlechte Laune immer größer wird, weil es einfach nichts Schönes gibt, dann hilft nur eins: Selbst entwerfen! Mit Kohle und Kreide oder mit Stiften und Aquarellfarben – du hast die Wahl und kannst bunt kombinieren. Und im Anschluss am besten auch noch selbst nähen. Für ambitionierte Modedesigner:innen gibt es DIY-Software, mit der man seine Ideen in Schnittmuster umsetzen kann. Und was deine Nähkünste angeht: Wie wäre es ganz old school mit einem Nähkurs?

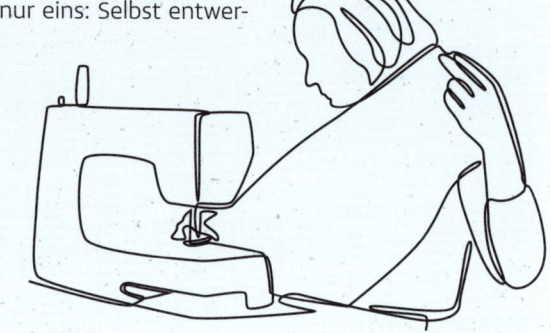

135

BILDER ODER FOTOS ABMALEN

Abmalen gilt nicht gerade als kreative Höchstleistung, und Abpausen schon gar nicht. Doch auch professionelle Künstler:innen verwenden vorhandene Ideen und Motive als Vorlage, um daraus eigene Kunst zu machen, zum Beispiel Banksy, Jeff Koons und Roy Lichtenstein. Auf jeden Fall ist Abmalen eine gute zeichnerische Schule. Falls dir das zu mühsam ist, kannst du dein Motiv auch abpausen: entweder durch einfaches, eher dünnes Zeichenpapier oder mit Pauspapier. Falls deine Freude am (Ab-)Zeichnen sich als längerfristige Leidenschaft entpuppt, kannst du auch über den Kauf eines Leuchttischs nachdenken oder deine Motive per Projektor auf eine Leinwand übertragen und nachzeichnen. Das ist besonders praktisch, weil du das Bild dann auf die Größe deines Malgrunds abstimmen kannst. Viel Spaß!

136

JONGLIERBÄLLE BASTELN

Beim Jonglieren musst du dich voll und ganz auf die Bälle konzentrieren. Platz für Sorgen und Gedankenkaskaden ist da nicht mehr. Und die Bälle kannst du dir ganz leicht selbst basteln. Du brauchst dafür pro Ball lediglich zwei kleine Luftballons, einen Trichter, Vogelsand und Klebeband. Und so geht's:

1. Sand mithilfe des Trichters in einen Ball füllen, bis er prall ist.

2. Zipfel an der Öffnung abschneiden und überstehendes Teil ankleben.

3. Vom zweiten Ballon den Zipfel abschneiden und den Ballon so über den Ball streifen, dass die Klebestelle bedeckt ist. Und fertig.

137

ORIGAMI

Um filigrane Papierkunstwerke aus Papier zu falten, braucht es reichlich Konzentration. Und wer sich konzentriert, kann nicht gleichzeitig über Alltagssorgen und Ärgernisse nachdenken. Klingt gut? Dann ran ans Werk. Bücher, Bastelsets, Websites und Videos mit Schritt-für-Schritt-Anleitungen für verschiedene Origami-Figuren gibt es reichlich. Am besten beginnst du mit einfachen Modellen und arbeitest dich langsam zu komplexeren Designs vor. Falls du lieber in der Gruppe falten möchtest: Angebote gibt es zum Beispiel bei der VHS oder in Museen und Kunstschulen.

138

AUSGEZEICHNETE LITERATUR

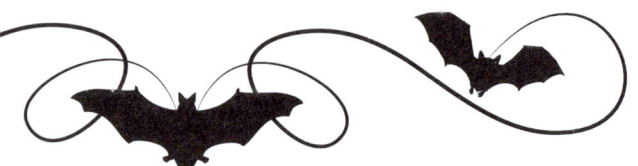

Dir liegt Zeichnen eher als Schreiben? Dann halte deine finsteren Gedanken doch als Graphic Novel fest. Tipps, Tricks und Anregungen finden sich in Video-Tutorials, Anleitungen und Büchern. Und sei nicht zu streng mit der Zeichner:in in dir. Der Autor der Jugendbuch-Reihe *Gregs Tagebuch* zum Beispiel hat aus der Not eine Tugend gemacht und seine zeichnerischen Unzulänglichkeiten genutzt, um möglichst authentisch wie ein Junge in Gregs Alter zu malen. Und das bekanntermaßen mit riesigem Erfolg.

139

FLIESEN NEU GESTALTEN

Der Alltag ist öde und grau, der Fliesenspiegel im Bad beige? Dann braucht das Bad eindeutig ein Makeover. Das geht auch in Mietwohnungen. Fliesenfolie heißt das Zauberwort. Gibt's in zahlreichen Designs in jedem Baumarkt und im Internet sowieso. Zum Aufkleben brauchst du keine speziellen Werkzeuge, sondern nur Sorgfalt und Geduld, und ablösen lässt sich die Folie auch problemlos. Am besten lässt du dich beraten, welche Folie sich für dein Projekt am besten eignet und wie man sie verwendet.

140

KERAMIK BEMALEN

Es macht ziemlich gute Laune, sich im Alltag mit Dingen zu umgeben, die man von eigener Hand nach seinem Geschmack gestaltet hat, zum Beispiel Geschirr. In vielen Städten gibt es Keramik-Werkstätten und Kunstcafés, in denen du deine eigenen Designs auf Tassen, Teller oder Milchkännchen verwirklichen kannst. Neutrale Keramikmodelle, geeignete Farben und die notwendige Ausrüstung gibt es dort vor Ort, dazu häufig Kaffee und Kuchen. Klingt nach Abschalten pur, oder?

141

STRICKEN

In der Mode sind die 80er-Jahre ja längst zurück, doch das allgemeine Strickfieber lässt noch auf sich warten. Schade eigentlich, denn Stricken beruhigt (jedenfalls die meisten Menschen), fördert Konzentration (über einem komplizierten Muster kann man alles andere vergessen) und Feinmotorik, reduziert Stress und macht ziemlich glücklich, wenn man ein Projekt zu Ende gebracht hat. Falls du jetzt denkst: „Mag ja alles sein, aber wenn ich eine Strickzeitschrift durchblättere, kriege ich Augenschmerzen", kannst du dich ja selbst als Strickmuster-Designer:in versuchen. Um den Entwurf in ein Strickmuster zu verwandeln, kannst du den Taschenrechner bemühen, Software für den Strickmusterentwurf benutzen oder einen entsprechenden Workshop besuchen – passende Adressen findest du wie für fast alles online.

142

ACRYL POURING

Falls der Kunstunterricht und sauberes Malen eher nicht dein Ding waren, ist es Acrylgießen vielleicht umso mehr: Statt gepinselt wird hier mit einem Flussmittel verdünnte Acrylfarbe großzügig auf Unterlagen aus Pappe, MDF oder Leinwand gegossen – genau das Richtige also, wenn du ein paar negative Energien loswerden willst. Kunstkenntnisse braucht man zum Arcryl Pouring nicht, vonnöten sind vielmehr gestalterische Kühnheit und Freude am Farbenrausch. Da die gegossenen Farbexplosionen gerade voll im Trend liegen, findest du im Netz und den sozialen Medien zahllose Anleitungen mit Tipps und Tricks von Profis.

143

SEIFE SELBST HERSTELLEN

Kreiere deine eigene Seife! Das ist einfach gemacht, gelingt immer
und bringt dich im Nu auf andere Gedanken!

DAS BRAUCHST DU:

Zutaten (am besten in Bioqualität)

- 250 Gramm Neutral- oder Kernseife

- 50 Milliliter Oliven- oder Kokosöl

- 10 Tropfen Duftöl nach Belieben

- etwas Seifenfarbe nach Belieben

- getrocknete Kräuter, Rosenblätter oder Zitronenabrieb nach Belieben

- Zubehör: Raspel, Rührbesen, Topf, Silikon-Gießformen (z. B. Eiswürfel-, Pralinen- oder Muffinförmchen)

SO GEHT'S:

1. Die Seife fein raspeln.

2. Seifenspäne im Wasserbad unter Rühren zum Schmelzen bringen.

3. Oliven- oder Kokosöl mit etwas Duftöl zur Seifenmasse geben und diese nach Belieben einfärben.

4. Nach Belieben getrocknete Kräuter, Rosenblätter oder auch geriebene Zitronenschale zu der Seifenmasse geben.

5. Flüssige Seife in die Förmchen gießen.

6. Seifenstücke in Ruhe trocknen lassen und dann aus der Form lösen. Vor Gebrauch lässt man die Seife am besten noch ein paar Tage reifen.

144

DEIN EIGENES MARKENZEICHEN GESTALTEN

Bei der Arbeit ist alles doof, und du träumst davon, deine eigene Chefin zu sein? Zugegebenermaßen ein ziemlich ambitioniertes Projekt. Wie wäre es, wenn du fürs Erste dein eigenes Markenzeichen entwerfen würdest? Im kreativen Prozess wird dir möglicherweise von selbst klar, wo deine Stärken liegen, und vielleicht nimmt dabei sogar dein Traum von der Selbstständigkeit konkretere Formen an. Digitale Unterstützung können dir dabei verschiedene Online-Tools leisten, wie zum Beispiel Canva.

145

PARFÜM-WORKSHOP MACHEN

Düfte haben nahezu magische Kräfte: Sie können Erinnerungen an ferne Zeiten und Orte wieder aufleben lassen und uns im Hier und Jetzt entspannen, aufheitern und sogar Übelkeit vertreiben. Was liegt da näher, als für gute zukünftige Erinnerungen zu sorgen und sich seinen eigenen Lieblingsduft zu kreieren? Das im DIY-Verfahren zu Hause zu machen, ist relativ aufwendig. Eine prima Alternative sind Parfüm-Workshops, bei denen erfahrene Profis dich unterstützen und sämtliche Arbeitsmaterialien samt Duftstoffen zur Verfügung stellen. Ganz günstig sind die Angebote häufig nicht, machen sich aber prima auf der Wunschliste zum nächsten Geburtstag – und von so einem Workshop hast du dank eigener Duftflakons sehr lange etwas.

146

INSEKTENHOTEL BAUEN

Produktive Entspannung ist das reinste Zaubermittel gegen nervige Gedankenkreisel. Wenn du dich dabei auch noch richtig nützlich machen willst, könntest du zum Beispiel ein Insektenhotel bauen. Und das ist gar nicht so schwer. Zum einen kann man fertige Bausätze kaufen, zum anderen findest du im Netz leicht verständliche Bauanleitungen für eigene Kreationen. Du könntest zum Beispiel mit einer Nisthilfe für Solitärbienen oder -wespen anfangen. Die meisten Bienen- und Wespenarten leben nämlich alleine, ohne hilfreiche Arbeiterinnen, und freuen sich über Nisthilfen in markhaltigen Pflanzenstängeln.

Für diese Nisthilfen schneidest du im Herbst etwa 50 Zentimeter lange Stängel von Brombeere, Holunder, Sommerflieder oder Heckenrose, befreist sie von Blättern und Seitentrieben und hängst sie über den Winter unter einem Dach zum Trocknen auf. Im März bündelst du dann 10 bis 15 Stängel und befestigst sie in etwa 45 Grad Schräglage (für den Regenwasserabfluss) an Zäunen, Wänden oder Baumstämmen. Das Mark der Stängel nagen die Wildbienen selbst aus. Man sollte die Stängel etwa alle drei Jahre austauschen.

147

PAPIER PRODUZIEREN

Wusstest du, dass man aus Altpapier selbst Papier herstellen kann? Ist wirklich nicht schwer, extrem umweltfreundlich, macht enorm viel Spaß, man kann dabei wunderbar abschalten und das Ergebnis sieht auch noch hübsch aus. Eine ausführliche Anleitung zur DIY-Papierherstellung findest du zum Beispiel auf der Website utopia.de.

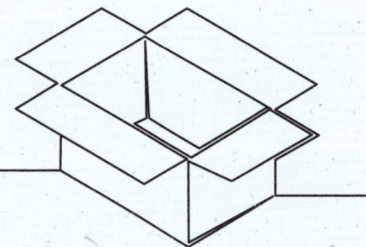

148

DIP-DYE-KERZEN SELBST MACHEN

**Du hast zwei linke Hände, möchtest aber trotzdem gerne basteln und kreativ sein?
Dann sind Dip-Dye-Kerzen genau das Richtige: Man braucht nicht viel Zubehör und
der Erfolg ist so gut wie sicher.**

DAS BRAUCHST DU:

- Wachsperlen fürs Kerzengießen, z. B. 1 kg Stearin, Soja- oder Bienenwachs (gibt's zum Beispiel im Kreativmarkt)

- Wachsmalstifte oder Ölkreiden in verschiedenen Farben

- weiße Kerzen

- Zubehör: gereinigte Marmeladen- und Einmachgläser, Cutter-Messer, Holzspieße

SO GEHT'S:

1. Wachsperlen bis zur gewünschten Höhe in die Gläser füllen. Wachs im Wasserbad oder Backofen (ca. 25 Minuten bei 175° C) zum Schmelzen bringen.

2. Mithilfe des Cutter-Messers von den Wachsmalstiften in deinen Wunschfarben kleine Flocken abraspeln.

3. Wachsstiftflocken in das flüssige Kerzenwachs geben und so lange mit einem Holzspieß umrühren, bis sie geschmolzen und das Wachs gleichmäßig eingefärbt ist. Arbeitsschritt für alle anderen Farben wiederholen.

4. Kerze bis zur gewünschten Höhe in das gefärbte Wachs tauchen, dabei das Glas eventuell leicht kippen. Meist genügt es, die Kerze für ein paar Sekunden einzutauchen. Je häufiger man sie eintaucht, desto intensiver wird die Farbe.

5. Gefärbtes Wachs immer wieder umrühren und für jede Farbe einen eigenen Spieß verwenden.

TIPP: Erkaltetes farbiges Kerzenwachs kann man im Ofen oder Wasserbad erneut schmelzen.

149

SCHREIB'S DIR DOCH SELBST

Die aktuelle Literatur kann dich nicht begeistern und die Klassiker sind schon alle gelesen? Da bleibt nur eins: Schreib dein eigenes Buch. Erweist sich als schwieriger, als du gedacht hast? Dann lass dir von Profis unter die Arme greifen – Workshops für kreatives Schreiben, bei denen man solide Strategien und kreative Anregungen für das Verfassen eigener Texte erlernt, gibt es in den verschiedensten Formaten in der realen und virtuellen Welt. Und wer weiß? Der nächste Bestseller muss ja von irgendwem geschrieben werden.

150

BLOCKFLÖTEN-POP

Kannst du Blockflöte spielen? Falls ja, pack deine alte Schulflöte wieder aus oder kauf dir eine neue, dazu noch für Blockflöte transponierte Noten zu aktuellen Hits und alten Rock- und Popklassikern. „Another One Bites The Dust" von Queen auf der Blockflöte ist schon ein echter Kracher – und ziemlich lustig noch dazu. Wage den Selbstversuch!

151

ENTDECKE DEIN LYRISCHES ICH

Ein eigenes Gedicht zu schreiben ist eine wunderbare Möglichkeit, abzuschalten. Dabei muss ein Gedicht längst nicht nur ernst sein, auch lustige, verrückte Kreationen sind möglich, Stichwort „Quatschgedichte". Beim Suchen nach dem richtigen Wort, dem besten Reim und dem schönsten Bild vergisst du alles um dich herum. Probier es aus!

152

SCHMUCK ENTWERFEN UND HERSTELLEN

Schmuck, so will es das Sprichwort, ist die schönste Art, sich selbst auszudrücken. Und Sprichwörter haben ja bekanntlich einen wahren Kern. Wenn du möchtest, dass dein Schmuck eine komplett individuelle Note bekommt, dann entwerfe ihn doch einfach selbst. Das fördert die Kreativität, entspannt und ist viel günstiger, als fertigen Schmuck zu kaufen. Viele kleine Lädchen, die Materialien für die Schmuckherstellung verkaufen, bieten auch Kurse an, in denen man die Grundtechniken unter professioneller Anleitung lernt. Alternativ kannst du auch im Programm von Volkshochschulen, Familienbildungsstätten und Museen für angewandte Kunst nach Kursen Ausschau halten.

153

BILD NACHSTELLEN

Berühmte Gemälde aus der Kunstgeschichte nachzustellen ist ein Vergnügen der besonderen Art und verspricht Abschalten pur. Der Phantasie sind dabei keine Grenzen gesetzt. Wie wäre es zum Beispiel mit da Vincis *Letztem Abendmahl* mit Playmobilfiguren oder Schleichtieren? Auch mit realen Personen nachgestellte Bilder machen Spaß. Probier es doch einmal mit Vermeers *Mädchen mit den Perlenohrringen,* Boticellis *Geburt der Venus* oder auch Edvard Munchs *Schrei.* Und Fotos machen nicht vergessen!

154

MANDALA AUSMALEN

Wenn dir eigentlich alles zu viel ist und auch deine kreativen Energien erschöpft scheinen, ist es vielleicht an der Zeit, einmal in aller Ruhe ein schönes Mandala auszumalen, und zwar dieses hier:

155

AUS ALT MACH NEU

Als Erfinder der Collage in der bildenden Kunst gelten keine Geringeren als Georges Braque und Pablo Picasso. Beide betrachteten die Klebetechnik als Möglichkeit, aus Bestehendem Neues zu erschaffen und ihrer künstlerischen Vision Ausdruck zu verleihen. Doch auch für Hobbykünstler:innen hat die Collagetechnik ein beträchtliches Potenzial. Sie kann dir helfen, deinen Emotionen auf kreative Weise Ausdruck zu verleihen, deine Gedanken zu ordnen und auf diesem Wege Stress abzubauen. Doch Collagen sind nicht nur veritable Stimmungsbilder, sondern darüber hinaus auch häufig von echtem ästhetischem Werk – siehe oben!

156

STICKEN

Hexen-, Platt- und Kettstich sind Neuland für dich? Keine Angst, Sticken macht Spaß und ist wirklich nicht schwer, mit ein paar Online-Tutorials oder einem Handarbeitsbuch lernst du es im Handumdrehen. Zugegeben, Sticken ist nicht gerade ein Trendhobby, aber zu Unrecht! Denn wenn man ein bisschen mit Form und Inhalt spielt, wird's interessant. Sehr schön ist zum Beispiel der Effekt, klassische weiße Stoffservietten mit witzigen Slogans zu besticken. Ziemlich amüsant ist es auch, Kinderbilder nachzusticken – da bekommen die Kunstwerke einen ganz neuen Dreh.

157

KREUZWORTRÄTSEL SELBST ERSTELLEN

Klar, Kreuzworträtsel lösen ist perfekt zum Abschalten. Selber eins zu machen aber auch. Keine Angst, du musst dich nicht mit Stift und Papier hinsetzen und rumknobeln. Dafür gibt es inzwischen Online-Hilfe, zum Beispiel von der Website XWords. Es macht jede Menge Spaß, sich Fragen auszudenken, besonders, wenn du dabei ein bestimmtes Rätselpublikum wie zum Beispiel Familie, Freundinnen oder Arbeitskollegen im Sinn hast.

RAUS AUS DEM ALLTAGSTROTT UND REIN INS UNBEKANNTE!

ABSCHALTEN AUF NEUEN WEGEN

Routinen und Gewohnheiten haben wir alle. Sie helfen uns, unseren Alltag zu meistern, indem manche Aufgaben dadurch fast automatisch ablaufen. Allerdings tun uns nicht alle Gewohnheiten gut und manchmal ist zu viel Routine auch sehr einschränkend. Es kann deshalb unglaublich positiv und belebend sein, die altbekannten Wege zu verlassen und mal eine andere Richtung zu gehen. Und indem wir das tun und uns komplett auf eine neue Handlung konzentrieren, können wir fast wie von selbst abschalten und Abstand zu unseren Alltagssorgen herstellen. Probiere es aus und lass dich überraschen, mit wie wenig Aufwand du große Veränderungen erzielen kannst!

158

BRIEFFREUNDSCHAFTEN

Der Briefkasten ist mal wieder verstopft mit grauer Behördenpost und du sehnst dich nach Lichtblicken aus aller Welt? Dann such dir eine:n Brieffreund:in – bei akutem Fernweh am besten aus der weiten Welt. Es gibt im Internet eine Menge Portale, die Brieffreundschaften vermitteln – entweder klassisch per Post oder aber E-Mail- und Chat-Freundschaften. Schau einfach, was dir liegt.

159

HELFEN BEIM COASTAL CLEANUP DAY

Die Flut der Umweltprobleme lässt dich schier verzweifeln und du fühlst dich macht- und mutlos? Da hilft nur eins: selbst aktiv werden. Gelegenheiten gibt es gar nicht mal so wenige. Eine davon ist der *Coastal Cleanup Day,* der vor über 30 Jahren von der US-Umweltschutzorganisation Ocean Conservancy ins Leben gerufen wurde und inzwischen die weltweit größte freiwillige Meeresschutzaktion ist. An besagtem Tag, der in Deutschland jeweils im September stattfindet, säubern Menschen rund um den Globus Meeresküsten, Fluss- und Seeufer von angeschwemmtem Müll und liegengelassenem Unrat. Allein in Deutschland haben 2023 1.570 Menschen im Rahmen von 99 Aktionen insgesamt 11.500 kg Müll eingesammelt.

Derlei gemeinsame Aktionen sind ein Akt der Selbstermächtigung, stiften Sinn, bedeuten die Übernahme von Verantwortung und stärken den gesellschaftlichen Zusammenhalt. Worauf wartest du noch?

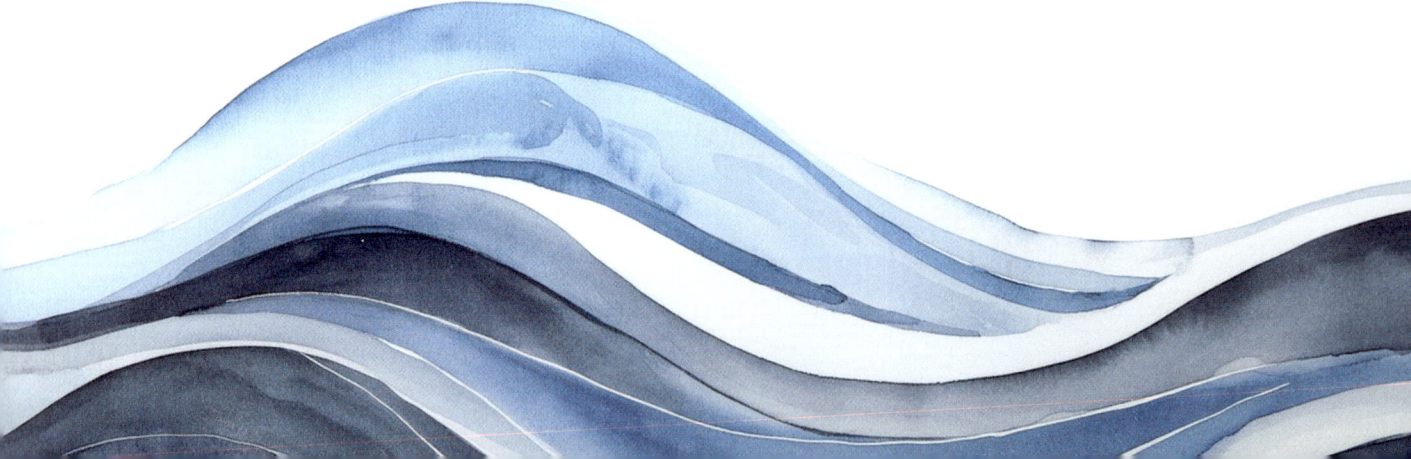

160

REAL LIFE STATT SOCIAL MEDIA

Hast du dein Smartphone nahezu rund um die Uhr im Blick und bist gleichzeitig wahnsinnig genervt von der ständigen Erreichbarkeit, die Abschalten fast unmöglich macht? Dann wage doch mal einen mutigen Selbstversuch und leg öfter mal dein Handy weg. Fürs Erste könntest du versuchen, ohne Handy einkaufen zu gehen. Im nächsten Schritt wäre zum Beispiel eine kleine Radtour mit Freunden und ohne Smartphone eine Option. Ganz Mutige trauen sich auch ein ganzes Wochenende im Zeichen von Digital Detox zu.

161

EINFACH MAL LASSEN

Fühlst du dich öfter mal gelangweilt oder genervt? Nichts berührt dich mehr so richtig? Dann brauchst du vielleicht einfach ein paar neue Herausforderungen. Du musst ja nicht gleich den Mount Everest bezwingen. Interessant in der Auseinandersetzung mit sich selbst ist das Thema Verzicht. Überlege dir, auf was in deinem Leben du nur sehr ungern verzichten würdest, und nimm dir dann vor, genau das eine Weile außen vor zu lassen. Möglichkeiten gibt es viele. Du könntest zum Beispiel:

- vier Wochen lang keinen Alkohol trinken (Stichwort „Dry January")
- einen Monat auf tierische Produkte verzichten (zum Beispiel im „Veganuary")
- vier Wochen lang keinen Zucker/keine Süßigkeiten essen
- eine Woche ohne Hörbuch/Podcast einschlafen
- deine Streaming-Abos einen Monat ruhen lassen

162

NEIN SAGEN

Gehörst du zu den Menschen, die einfach nicht nein sagen können? Die immer die Blumen beim Nachbarn gießen, das Protokoll beim Elternabend schreiben, noch schnell einen Kuchen für die Weihnachtsfeier backen? Alles keine großen Sachen und schnell gemacht, meinst du? Ein Grund mehr, einfach mal nein zu sagen. Kommuniziere dein Nein freundlich und respektvoll, aber bestimmt. Du wirst sehen, wie gut es tut, Grenzen zu setzen und achtsam mit sich umzugehen. Und auch, dass niemand es dir übel nimmt, wenn du deine Bedürfnisse auch mal an erste Stelle setzt.

163

GEWOHNHEITEN ÄNDERN

Genervt vom Alltagstrott? Vielleicht solltest du dich von ein paar Gewohnheiten verabschieden und sie durch neue, positive Routinen ersetzen. Du könntest zum Beispiel:

- jeden Morgen nach dem Aufstehen mindestens ein Glas Leitungswasser trinken

- jeden Abend 15 Minuten lesen

- dein Englisch/Französisch/Spanisch auffrischen und täglich 7 Vokabeln lernen

- vor dem Einkaufen immer einen Einkaufszettel schreiben

- deine Nachbarn morgens freundlich grüßen

- deine Freunde und Freundinnen regelmäßig anrufen

- auch unangenehme Post immer sofort öffnen

- täglich drei Portionen Gemüse und zwei Portionen Obst essen

- dir regelmäßig frische Blumen kaufen

164

KAHLSCHLAG ODER FARBENRAUSCH

Wenn sich Stillstand, Unzufriedenheit und schlechte Laune ins Leben eingeschlichen haben, braucht es oft einen klaren Schnitt. Und manchmal auch einen neuen Haarschnitt. Wie wär's, tauschst du Löwenmähne gegen Pixie-Cut? Oder wechselst du lieber von blond auf blau? Mach den Schritt, wage den Schnitt. Und wenn es nicht so aussieht, wie erhofft, war's halt Erfahrung statt Offenbarung.

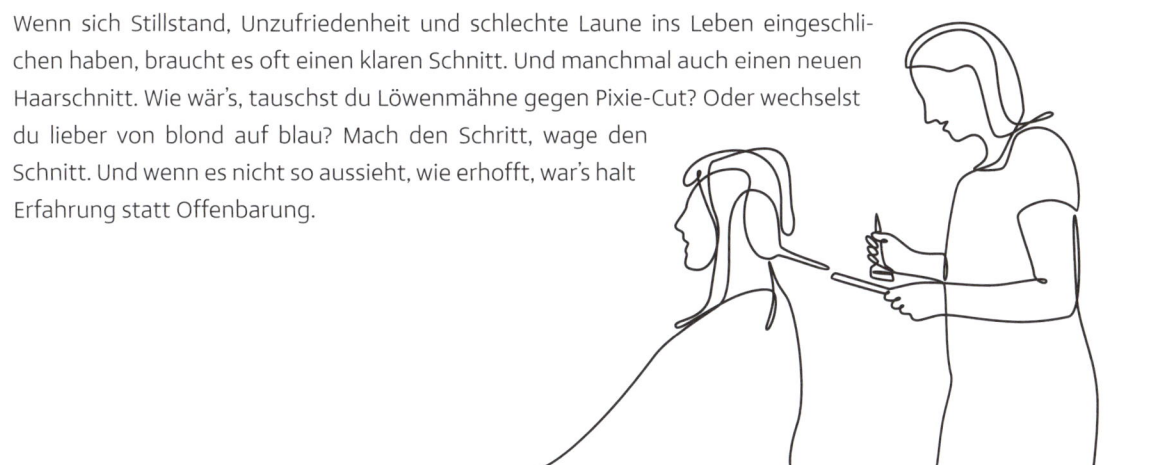

165

DRESS UP!

Du hast das Gefühl, dein Leben könnte ein bisschen mehr Glamour vertragen, doch es mangelt an Gelegenheiten? Dann nimm dir ein Beispiel an Holly Golightly in Blake Edwards Film *Frühstück bei Tiffany*. Die junge Frau, dargestellt von Audrey Hepburn, pflegt nach ihren ausschweifenden Ausflügen ins New Yorker Nachtleben im Abendkleid vor dem Schaufenster des berühmten Juweliers Tiffany zu frühstücken. Und auch dich hindert niemand daran, dich mitten am Tag ins kleine Schwarze zu werfen und höchst stilvoll einkaufen oder zur Arbeit zu gehen. Probier's aus – das Gefühl ist ziemlich aufregend.

166

EINE WEINPROBE MACHEN

Die Arbeit ist doof, die neue Serie sterbenslangweilig und der Wein, den du eben im Supermarkt gekauft hast, schmeckt auch nicht? Da hilft nur eins: Tapetenwechsel. Und zwar auf ganzer Linie. Eine perfekte Gelegenheit, den Horizont zu erweitern, neue Leute kennenzulernen und die Geschmacksnerven ein bisschen zu fordern und zu fördern, ist eine Weinprobe. Du hast ein bisschen Manschetten, weil du so gar keine Ahnung von Wein hast? Keine Angst, auch hier gilt: Es ist noch kein Meister vom Himmel gefallen. Die, die heute fachsimpeln wie die Profis, haben gestern vielleicht auch noch ahnungslos einen Supermarktwein getrunken.

167

NATÜRLICH SCHÖN

Du würdest nie ungeschminkt aus dem Haus gehen? Warum eigentlich? Schminken ist häufig die reinste Routine, will heißen, geht leicht von der Hand und ist nicht gerade aufregend. Probiere es darum doch einmal mit einer radikalen Entscheidung: Verzichte einen Tag lang auf Make-up. Geh ungeschminkt zur Arbeit, ins Kino oder in den Club und warte ab, was passiert. Wer weiß, vielleicht fühlst du dich ja viel selbstbewusster und authentischer als mit Make-up. Und stellst dazu noch fest, dass deine Haut sich über einen Tag schminkfrei richtig freut. Du musst darum ja nicht zur Make-up-Verächterin werden, Abwechslung heißt das Zauberwort.

168

BEWERBUNG SCHREIBEN

Dein Job langweilt dich? Du fühlst dich nicht wertgeschätzt, über- oder unterfordert? Das sind echte Stressoren, die deine Lebensqualität reduzieren. Zum Glück lässt sich das ändern. Werde selbst aktiv und bringe deine Bewerbungsunterlagen auf aktuellen Stand. Lass ein gutes Foto von dir schießen und schreibe Bewerbungen! Allein die Tatsache, dass du dein Arbeitsleben in deine Hände nimmst, verringert deinen inneren Stress und macht dich ausgeglichener und zufriedener.

169

ZIELLOS DURCH DEN WALD LAUFEN

Häufig ist es der immer gleiche, auf Wochen absehbare Alltag, der einen lähmt und stresst. Dagegen hilft es, sich buchstäblich auf Abwege zu begeben. Geh bei deinem nächsten Waldspaziergang einfach drauf los oder wähle ganz bewusst unbekannte Wege. Halte die Augen offen, lausche den Geräuschen des Waldes und seiner Bewohner und achte nicht auf deinen Weg. Lass dein Smartphone ganz bewusst in der Tasche und hole es nur dann heraus, wenn du wirklich die Orientierung verloren haben solltest.

170

KARAOKE

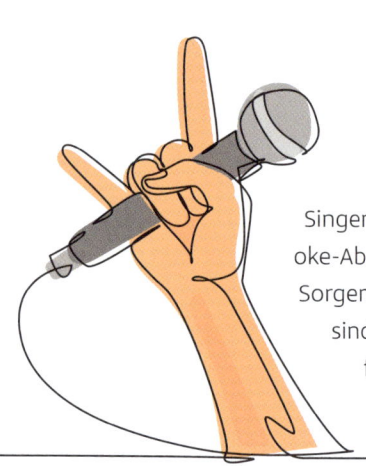

Singen vor anderen Menschen ist nicht so deins? Ein Grund mehr, es zu tun. Ein Karaoke-Abend mit Freunden und Freundinnen ist *die* Gelegenheit, Alltagsstress, Ärger und Sorgen hinter sich zu lassen und mal so richtig abzuschalten, denn hinter dem Mikro sind schließlich alle gleich. Schmetter voller Inbrunst deine Lieblingsballade – die Anfangsszene des ersten Bridget-Jones-Films ist in dieser Hinsicht eine erstklassige Vorbereitung – oder teste dein R&B-Potenzial. Vielleicht steckt in dir auch eine Rockröhre? Spring über deinen Schatten und überrasche dich und andere!

171

BELASTUNGSPROBE BESTEHEN

5 km am Stück zu laufen erscheint dir schlicht unmöglich? Ein Grund mehr, es zu versuchen. Sofern du gesund bist und keine ernsthaften körperlichen Gebrechen hast, spricht auch nichts dagegen. Solltest du aber unsicher sein, lass dich lieber vorher medizinisch durchchecken.

Der erste Schritt ist einfach. Formuliere dein Ziel ganz konkret, etwa: „Ich möchte in drei Monaten/zu Beginn der Sommerferien/bis zum Stadtfest in der Lage sein, einen 5-Kilometer-Lauf zu bestreiten." Und dann legst du los. Am Anfang mit einer Mischung zwischen Gehen und Laufen, dann mit durchgehendem Laufen in moderatem Tempo. Konkrete Trainingspläne und hilfreiche Tipps für Anfänger:innen findest du in Zeitschriften und Laufratgebern oder im Netz. Wer weiß, vielleicht wird Laufen ja zu deiner neuen Geheimwaffe gegen Stress. Du wärst auf jeden Fall nicht die Erste.

172

BILDUNGSURLAUB STATT BURNOUT

Wusstest du, dass Arbeitnehmer:innen in allen Bundesländern, außer Bayern und Sachsen, einen gesetzlichen Anspruch auf eine Freistellung von der Arbeit für die Teilnahme an Weiterbildungen haben? Fast überall sind das fünf Tage pro Jahr für Vollzeitbeschäftigte. Diesen Bildungsurlaub, je nach Bundesland auch als Bildungsfreistellung oder Bildungszeit bezeichnet, gibt es zusätzlich zum „normalen" Urlaub. Verrückterweise nutzen aber nur rund 3,5 % der Beschäftigten dieses Angebot. Inhaltlich darf der Arbeitgeber zwar keinen Einfluss auf deine Kurswahl nehmen, doch es muss sich um eine als Bildungsurlaub anerkannte Fortbildung handeln, von der auch dein Arbeitgeber einen gewissen Nutzen hat – was zum Beispiel der Fall ist, wenn du deine Fremdsprachenkenntnisse oder Führungsqualitäten verbesserst oder etwas zur Stressbewältigung lernst. Falls jetzt dein Interesse geweckt ist: Auf der Onlineplattform bildungsurlaub.de zum Beispiel findest du mehr als 10.000 Veranstaltungen von mehr als 300 anerkannten Bildungsträgern – da ist sicher auch etwas Passendes für dich dabei!

173

KURZTRIP

Du brauchst Tapetenwechsel, hast aber weder Zeit noch Geld? Kein Grund, zu Hause zu bleiben. Wozu gibt es denn 1,5-tägige Busreisen in europäische Metropolen wie Paris, London oder Amsterdam? Zu anstrengend, meinst du? Mag sein, aber auch ein echtes Abenteuer! Das fängt häufig schon mit den Mitreisenden an und hört mit den Eindrücken am Reiseziel auf. Lass dich drauf ein, du wirst es nicht bereuen.

174

KOMMANDO ZURÜCK

Dein Leben verläuft in immer gleichen Bahnen, vor dir liegt einfach nichts Unvorhergesehenes mehr? Da hilft nur eine Kehrtwende. Und das ist wörtlich gemeint: Versuche doch hin und wieder mal, eine Weile rückwärts zu gehen. Beim Spaziergang im Park, auf dem Weg in den Supermarkt, von der Haltestelle nach Hause. Beim Rückwärtslaufen ändert sich nicht nur die Perspektive, es ist auch eine kleine Herausforderung für Gleichgewicht und Koordination.

175

ESSEN NACH FARBEN

Gestalte deinen Speiseplan eine Woche lang nach dem Regenbogen: gelb am Montag, orange am Dienstag, rot am Mittwoch, lila am Donnerstag, blau am Donnerstag, grün am Freitag, alles durcheinander dann am Wochenende. Guten Appetit!

176

ALLEINE REISEN

Gehen dir die Erwartungen deiner Umwelt gewaltig auf den Keks, und wünschst du dir oft nichts sehnlicher, als einfach deine Ruhe zu haben? Dann ist die Lösung vielleicht eine Reise – alleine. Zugegeben, das ist unter Umständen eine echte Mutprobe, besonders, wenn du eher zum introvertierten Teil der Bevölkerung gehörst. Für den Anfang kannst du es ja mit einem Städtetrip versuchen. Hier hast du in Form von Museen, Geschäften, Kinos und Restaurants vielfältige Möglichkeiten, Tage und Abende in Gesellschaft, aber alleine, zu gestalten.

177

LESS IS MORE – WASCHLAPPEN STATT WARMDUSCHEN

Spätestens mit Einsetzen der Pubertät ist die tägliche Dusche Standard für alle, die das Glück haben, in einer Welt zu leben, in der ein Bad mit Dusche und WC zur Mindestausstattung jeder Wohnung gehören. Doch zwingend notwendig ist die tägliche Dusche keinesfalls. Verzichte doch mal auf deine tägliche Dusche und wähle stattdessen den Waschlappen. Interessant ist die Duschabstinenz auf jeden Fall, und das Gefühl, ohne Dusche nicht sauber zu werden, ist bald vorbei. Ein Pluspunkt des Verzichts dürfte auf jeden Fall ein Mehr an Zeit am Morgen sein – und das ist bei der ständigen Hetze im Alltagsleben ein kolossaler Gewinn. Wirklich.

178

MIT DER U–BAHN ODER DEM BUS BIS ZUR ENDSTATION

Nicht nur in Großstädten, auch in Kleinstädten gibt es Straßenzüge und Stadtteile, die einem völlig unbekannt sind. Ändere das und fahre mit öffentlichen Verkehrsmitteln deiner Wahl bis zu einer Endhaltestelle. Auf diese Weise kannst du dich fallenlassen und musst keinerlei Entscheidung treffen. Steig einfach aus, wenn es nicht mehr weitergeht und erkunde ganz real neue Wege!

179

VIELE WEGE FÜHREN INS BÜRO

Neue Wege gehen, heißt das Stichwort. Und zwar ganz konkret. Durchbrich deine Alltagsroutinen und nimm, sofern du Fußgänger:in oder Radfahrer:in bist, eine Woche lang jeden Tag einen anderen Weg zur Arbeit. Wer weiß, vielleicht entdeckst du ja ganz neue, aufregende Dinge: eine portugiesische Bäckerei, eine neue Boutique, einen netten Kiosk, eine tolle Parkbank. Falls du einen weiteren Weg zur Arbeit hast und normalerweise mit dem Auto fährst: Wie wäre es, wenn du stattdessen dem öffentlichen Nahverkehr eine Chance gibst. Dauert zu lange, meinst du? Aber die Zeit gehört dann ganz dir: zum Lesen, Musikhören, Dösen. Nicht das Schlechteste, oder?

180

ACHTERBAHN-CHALLENGE

Du weißt gar nicht mehr, wo oben und unten ist, und deine Gedanken fahren Karussell? Dann ist offensichtlich Zeit für eine paradoxe Intervention: Dreh eine Runde mit der Achterbahn. Dann steht die Welt tatsächlich Kopf und dir schießt mutmaßlich so viel Adrenalin durch die Adern, dass für Grübeleien schlicht kein Raum mehr bleibt. Kleiner Tipp: Iss vor der Fahrt nicht zu viel, dann sind die Loopings deutlich leichter bekömmlich. Und wenn du befürchtest oder bemerkst, dass dir übel wird: Den Blick auf einen fixen Punkt richten und tief durchatmen. Falls dir das zu aufregend ist: Ein paar Runden mit dem Kettenkarussell sind auch nicht zu verachten.

181

LEBENSMITTEL RETTEN

Hand aufs Herz: Wie oft landen Lebensmittel bei dir im Mülleimer? Vermutlich zu oft – und das macht ein schlechtes Gewissen und schlechte Laune noch dazu. Versuche darum doch zunächst mal einen Tag lang, so viele Lebensmittel zu retten, wie es nur geht: die ins Bräunliche tendierende Banane, dazu den Kochschinken, der wirklich langsam verzehrt werden sollte, ein paar traurige TK-Erbsen und noch ein Kanten Brot. Falls dir spontan beim besten Willen kein passendes Gericht einfallen will: Es gibt jede Menge Apps und Websites, die dir Rezepte für genau die Zutaten ausspucken, die dir zur Verfügung stehen – du musst sie nur eingeben.

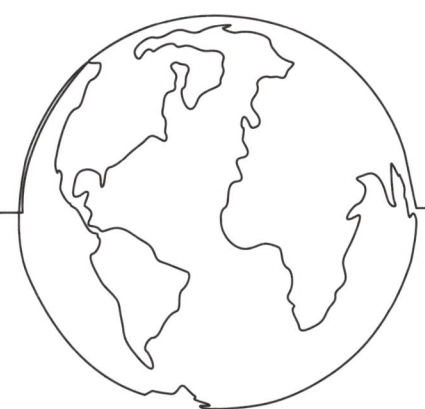

182

VIRTUELLER SPAZIERGANG

Sicher gibt es viele Städte, die du gerne mal besuchen würdest. Für einen ersten Eindruck musst du dafür noch nicht mal deine Koffer packen. Flaniere einfach abends für eine Stunde durch fremde Gassen – Google Earth macht es möglich!

SPASS HABEN, KREATIV SEIN UND WISSEN TESTEN

DIE BESTEN SPIELIDEEN ZUM ABSCHALTEN

Spielen ist längst nicht nur was für Kinder! Auch Erwachsene tun damit viel für ihre mentale Gesundheit. Zudem fördern wir beim Spielen unser Assoziationsvermögen, wir werden kreativ, auch unsere sozialen Fähigkeiten werden trainiert und mitunter auch unser Wissen erweitert. Doch neben all den Vorzügen bringt Spielen vor allem eines: Abschalten vom Alltag, von Stress und von Sorgen – und das fängt schon bei der Planung an! Ob Quiz-, Strategie-, Bewegungs-, Gesellschafts- oder Glücksspiel: Lass dich von den abwechslungsreichen Ideen in diesem Kapitel inspirieren und plane deinen nächsten Spieleabend!

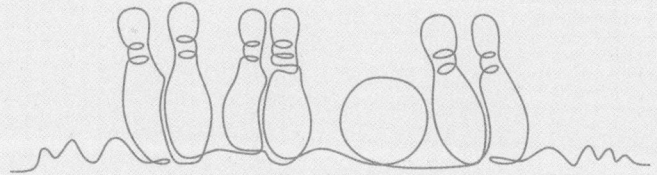

183

STILVOLLER POKERABEND

Ein Pokerabend eignet sich hervorragend, um dem Alltag etwas Glam entgegenzusetzen. Wenn es stilecht zugehen soll, braucht es zwar die ein oder andere Vorbereitung – aber ehrlich gesagt ist das ja schon der halbe Spaß. Mit den Accessoires fängt es an – je mehr, desto authentischer:

- Ein hochwertiges Kartenset ist ein Muss.

- Pokerchips sorgen für das echte Casino-Feeling.

- Ein Tisch mit grünem Filz oder einer entsprechenden Tischdecke beamt euch geradewegs nach Las Vegas.

- Ein kleiner Button, der anzeigt, wer der Dealer ist, macht die Atmosphäre noch realistischer.

- Fingerfood und ein paar leckere Cocktails oder Mocktails können auf keinen Fall schaden.

Es gibt natürlich nicht nur eine Poker-Variante, aber die beliebteste und bekannteste ist wohl Texas Hold'em, etwas einfacher ist der Five Card Draw. Stöbert im Netz nach weiteren Varianten und den entsprechenden Regeln. Oder fragt Leute, die Ahnung davon haben.

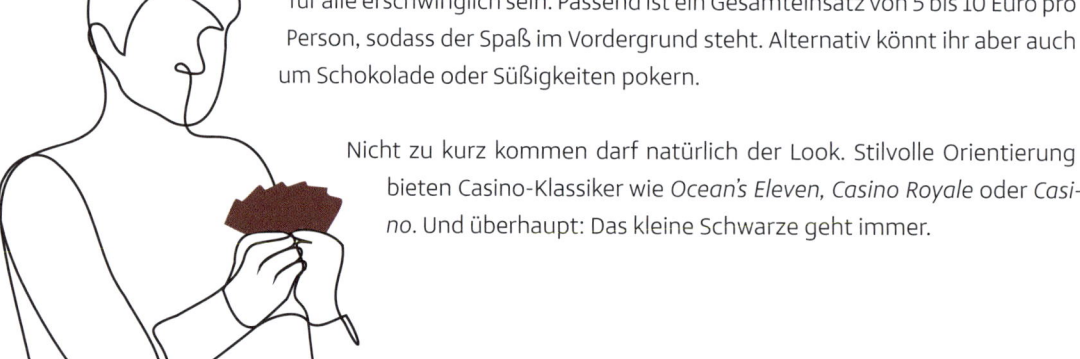

Wenn ihr euch entscheidet, um Geld zu spielen, sollte der Einsatz niedrig und für alle erschwinglich sein. Passend ist ein Gesamteinsatz von 5 bis 10 Euro pro Person, sodass der Spaß im Vordergrund steht. Alternativ könnt ihr aber auch um Schokolade oder Süßigkeiten pokern.

Nicht zu kurz kommen darf natürlich der Look. Stilvolle Orientierung bieten Casino-Klassiker wie *Ocean's Eleven*, *Casino Royale* oder *Casino*. Und überhaupt: Das kleine Schwarze geht immer.

184

LITERATURQUIZ

Wissenstests machen eigentlich immer Spaß. Für Freunde und Freundinnen des gedruckten Wortes bietet sich zum Beispiel ein Literaturquiz unter Gleichgesinnten an. Überlegt euch, ob ihr euch auf ein bestimmtes Genre, bestimmte Autoren oder auch ein einzelnes Buch beschränken wollt. Dann geht es an die Vorbereitung der Fragen. Ganz gut klappt es, wenn jede:r Teilnehmer:in eine bestimmte Anzahl Fragen vorbereitet – so ist das Verhältnis bei den bekannten Antworten ausgeglichen. Und dann könnt ihr auch schon loslegen, entweder persönlich oder in einer fröhlichen Online-Runde. Wer zuerst die richtige Antwort in den Raum ruft, bekommt einen Punkt. Und was der Hauptgewinn sein könnte, ist ja eigentlich klar.

185

SPIEL DER KÖNIGE

Die Ursprünge des Schachspiels liegen vermutlich in Nordindien. Von dort gelangte es über Persien und den arabischen Raum nach Europa, wo es seit dem 13. Jahrhundert fest etabliert ist. Dass man Schach auch als „Spiel der Könige" bezeichnet, liegt nicht, wie oft vermutet, daran, dass es in früheren Zeiten bevorzugt von gekrönten Häuptern und dem Adel gespielt wurde. Es verdankt seinen Namen dem persischen Wort „Schah", das „König" bedeutet. Die Regeln sind nicht kompliziert, doch es erfordert vorausschauendes Denken, Planung und kluge Entscheidungen – und ist damit eine prima Exit-Strategie aus dem täglichen Gedankenkreisel. Kurse und Vereine für Anfänger:innen und Fortgeschrittene gibt es sowohl im Online-Format als auch im echten Leben reichlich.

MAU-MAU-SPECIAL

186

DER KLASSIKER

Für den Fall, dass dein letztes Mau-Mau-Spiel schon lange her ist, hier noch mal die Regeln: Ziel des Spiels ist es, alle eigenen Handkarten loszuwerden. Nach dem Mischen bekommen alle Mitspieler:innen fünf bis sieben Karten. Die restlichen Karten bilden den Nachzieh-Stapel und werden verdeckt auf den Tisch gelegt. Dann wird die oberste Karte aufgedeckt.

Gestartet wird im Uhrzeigersinn. Die Person links von der/dem Geber:in fängt an und muss eine passende Karte legen, d.h., diese Karte muss entweder denselben Wert, etwa 9 oder Dame, oder dieselbe Farbe haben, also Kreuz, Pik, Herz oder Karo. Hat man keine passende Karte, zieht man eine vom Nachziehstapel – sofern die nachgezogene Karte passt, kann man sie sofort ablegen. Sonst ist der/die Nächste dran. Wenn der Nachziehstapel erschöpft ist, werden die abgelegten Karten gemischt, verdeckt abgelegt und zum Ziehen verwendet. Während man seine vorletzte Karte ablegt, muss man „Mau" oder „letzte Karte" Karte sagen, sonst bekommt man eine Strafkarte. Wenn man seine letzte Karte ablegt, muss man „Mau Mau" rufen. Vergisst man das, bekommt man ebenfalls eine Strafkarte und das Spiel geht weiter. Wenn die erste Person alle Karten abgelegt und „Mau Mau" gerufen hat, ist das Spiel vorbei. Dann werden Punkte gezählt: Jede:r Spieler:in erhält Minuspunkte für seine oder ihre übrigen Handkarten. Und der/die Gewinner:in erhält die Summe aller Handkartenwerte als Pluspunkte.

Damit es spannend bleibt, gibt es aber allerdings einige Spezialkarten mit besonderen Eigenschaften:

- Legt jemand eine **7,** muss der oder die Nächste zwei Karten ziehen. Hat diese Person aber auch eine 7, kann sie diese legen, und der oder die Nächste muss vier Karten ziehen – oder legt noch eine 7 drauf. Dann müssen danach 6 Karten gezogen werden.

- Legt jemand eine **8,** muss die nachfolgende Person eine Runde aussetzen.

- Der **Bube** hat eine Jokerfunktion: Man kann ihn auf jede Karte legen und kann sich dann eine Farbe wünschen. Wird er zu Spielbeginn als erste Karte aufgedeckt, entscheidet der/die Kartengeber:in, mit welcher Farbe gespielt wird. Allerdings darf man zwei Buben nicht aufeinanderlegen.

187

MAU MAU SCHARF

Falls euch die klassische Mau-Mau-Variante zu langweilig ist, könnt ihr mit ein paar Sonderregeln zusätzliche Würze ins Spiel bringen – besprecht vor dem Start, nach welchen Regeln ihr spielen wollt:

- **Doppelte Kartenanzahl:** Spielt mit zwei Skatdecks statt einem. Dann sind 64 Karten im Spiel. Das empfiehlt sich auch, wenn ihr zu mehreren spielt.

- **Extra-Zug nach Ass:** Wer ein Ass legt, muss eine weitere Karte in der passenden Farbe oder ein weiteres Ass mit einer weiteren passenden Karte nachlegen. Legst du als letzte Karte ein Ass, musst du eine weitere Karte ziehen. Passt die nicht, bist du weiter im Spiel.

- **Kein Legen nach Ziehen:** Nachdem du eine Karte gezogen hast, ist dein Zug beendet.

- **Bube auf Bube:** Man darf einen Buben auf einen Buben legen und damit den ersten Wunsch überschreiben.

- **Bube auflösen mit 10:** Man kann auf den Buben eine Zehn in beliebiger Farbe legen, um den Wunsch aufzulösen.

- **10 als Wunschkarte:** Ähnlich wie der Bube darf die 10 auf jede Karte gelegt werden. Sie ist wie eine durchsichtige Karte und die darunter liegende Karte gilt für den Nächsten oder die Nächste.

- **Vier Karten ziehen bei Kreuz-Dame:** Wenn du eine Kreuz-Dame spielst, muss der oder die Nächste den Kreuz-König spielen oder vier Karten ziehen.

- **9 ändert Spielrichtung:** Mit einer 9 kehrt sich die Spielrichtung um. Wenn ihr nur zu zweit spielt, bedeutet die 9 einmal aussetzen.

- **Doppelte Punktzahl:** Wenn du das Spiel mit einem Buben beendest, erhältst du für deinen Sieg die doppelte Punktzahl und deine Gegner bekommen die doppelte Anzahl an Minuspunkten.

188

LEGO BAUEN

Das Bauen mit Legosteinen ist ein echter Spielklassiker und mittlerweile gibt es auch jede Menge Lego-Sets für Erwachsene. Die sind zugegebenermaßen nicht gerade günstig, machen aber sehr viel Spaß. Günstiger ist es, wenn du noch aus früheren Tagen eine große Legosteinsammlung hast. Dann kannst du entweder kreativ werden und ganz frei drauflosbauen oder aber mithilfe spezieller Apps, die du im Internet findest, zu deinen abfotografierten Steinen Bauanleitungen erhalten.

189

KEGELN

Dem Kegelsport hängt bis heute ein durchaus altbackenes Image an – was wohl nicht zuletzt an den Kegelbahnen in ehemals verrauchten Eckkneipen liegt, die designtechnisch im besten Falle herausfordernd sind. Dabei macht Kegeln richtig Spaß und bringt auch die lahmsten Freundeskreise auf Trab. Das ist auch den vielen verschiedenen Spielen zu verdanken, die man beim Kegeln so machen kann. Eine umfangreiche Auswahl von Kegelspielen findest du zum Beispiel auf der Website des Deutschen Kegler- und Bowlingbunds (kegelnundbowling.de). Und falls dich das Kegelfieber packt, kannst du dich vor Ort über die verschiedenen Kegeldisziplinen nebst Bowling und den für deinen Wohnort zuständigen Landesverband informieren.

190

SOLITÄR

Der Name dieses Brettspielklassikers verrät es schon: Man spielt es meistens allein. Einer Legende nach wurde es von einem französischen Adeligen erfunden, der nach dem Willen Königs Ludwig XVI. in der Bastille gelandet war.

Das rechteckige Spielbrett hat 33 häufig kreuzförmig angeordnete Steckplätze, in die 32 kleine Stäbchen (oder auch Kugeln) platziert werden. Der Platz in der Mitte bleibt frei. Ziel des Spiels ist es, die Stäbchen auf dem Spielfeld Schritt für Schritt zu entfernen. Entfernen kannst du ein Stäbchen, indem du es mit einem anderen (in den freien Platz hinein) überspringst. Dabei darfst du dich vor, zurück, nach oben und nach unten bewegen, jedoch nicht diagonal. Das Spiel ist beendet, wenn du keine Möglichkeit mehr hast, zu springen. Im Idealfall ist dann auch nur noch ein Stäbchen übrig. Vorsicht: Das Spiel hat das Potenzial, dich völlig in den Bann zu ziehen – abschalten von anderen Problemen ist damit quasi garantiert.

191

DAS HABT IHR NICHT ÜBER MICH GEWUSST

Wenn ihr in der Gruppe abschalten wollt, ist dieses Spiel eine gute Methode: Jede:r Mitspieler:in schreibt eine geheime oder lustige Gegebenheit über sich selbst auf einen Zettel. Dann werden die Zettel zusammengefaltet, in einer Schüssel oder einem Hut gemischt, reihum gezogen und vorgelesen. Und ihr müsst raten, auf wen die jeweilige Gegebenheit zutrifft. Spannend!

192

ANAGRAMME AUSDENKEN

Laut Duden ist ein Anagramm ein „durch Umstellung von Buchstaben oder Silben innerhalb eines Wortes entstandenes neues sinnvolles Wort". Da steckt die Anleitung für diese Spielidee schon drin. Anagrammraten macht alleine und in der Gruppe Spaß. Überlegt euch vor dem Start, ob als Lösungswörter nur solche zugelassen sind, die genauso viele Buchstaben haben wie das Ausgangswort, oder ob ihr die Regeln aufweichen wollt und auch Ergebnisse zulasst, bei denen nicht alle Buchstaben verwendet werden. Bestimmt vor jeder Runde jemanden unter euch, der das Wort aussucht (aus dem Duden, Internet oder per KI) und die Zeit stoppt. Wer in der vorgegebenen Zeit die meisten Wörter findet, hat gewonnen.

193

SCRABBLE

Scrabble ist der Klassiker unter den Buchstabenspielen. Ihr könnt zu zweit, dritt oder viert um Punkte wetteifern – und das ganz im Ernst oder auch mit einem ironischen Augenzwinkern (wer kennt sie nicht, die berühmte Kinderwagenvorhangnäherin). Regelwerk und Spielmöglichkeiten gibt es online oder klassisch analog.

194

NUR GEDULD

Wenn der Alltag dir über den Kopf wächst und du kurz davor bist, die Nerven zu verlieren, kann es ungemein beruhigend sein, eine Patience (frz. *patience*: Geduld) zu legen. Für die einfache Version brauchst du ein Romméblatt mit 52 Karten, die genauen Regeln findest du, sofern sie dir aus der digitalen Version (wer hat sich nicht schon Nächte mit Solitaire oder FreeCell um die Ohren geschlagen …) nicht mehr präsent sind, online. Es empfiehlt sich übrigens, mit echten Karten zu spielen, denn gerade der Blick auf den Computerbildschirm hindert einen ja oft daran, mal richtig abzuschalten.

195

FUSSBALL AUF DEM KÜCHENTISCH

Tischfußball ist ein echter Klassiker: Erfunden wurde es 1921 von einem schwäbischen Möbelfabrikanten, gespielt wird es auf einer etwa tischgroßen Spielfläche mit zwei Toren, zwei Torhütern und zwei beliebig positionierbaren Feldspielern. Der Ball ist zwölfeckig, hat also 14 Flächen. Ausführliche Erläuterungen zu den Regeln und Strategietipps findest du reichlich im Netz, die einfachste Regel lautet: Das Runde muss ins Eckige – nur dass das Runde in diesem Fall auch ein paar Ecken hat. Auch beim Tischfußball sind Strategie und Geschick gefragt, du kannst damit deine grauen Zellen also durchaus in Bewegung bringen. Aber auch wenn du ohne größere Ambitionen spielst, ist Tischfußball ein ziemlich entspanntes Freizeitvergnügen.

196

KNEIPEN-WÜRFELSPIELE

Man muss ja nicht zwingend in der Kneipe würfeln. Das geht auch im heimischen Wohnzimmer. Das Gute an Kneipenspielen ist, dass sie meistens ziemlich unkompliziert sind – wünschenswert, wenn alles andere schon kompliziert ist –, nicht viel Material erfordern und noch dazu ziemlich amüsant sind. Häufig werden sie in verschiedenen Regionen nach etwas abgewandelten Regeln gespielt. Echte Klassiker sind zum Beispiel Zehntausend, Chicago, Mäxchen und Schocken. Infos zu Regeln und Varianten finden sich zum Beispiel bei Youtube und Fansites.

197

DOKO, SKAT UND CO.

Die ersten Kartenspiele gab es wohl um das 12. Jahrhundert in China oder Korea, nach Italien kamen sie im späten 14. Jahrhundert, und ab dem 15. Jahrhundert entwickelten sich dort und in Frankreich die Basisversionen der heute bekannten Spiele. Dass Kartenspiele sich seit so langer Zeit beinahe ungebrochener Beliebtheit erfreuen, ist eigentlich kein Wunder, denn sie halten das soziale Leben in Gang, sind ein guter Grund, sich mit Freunden und Familie zu treffen, fördern Konzentration und Gedächtnis und bieten – last but not least – unterhaltsame Ablenkung vom Alltag. Was will man mehr?

Falls Kartenspiele bis jetzt nicht so deins waren: Hör dich doch mal um, ob es in deinem Umfeld nicht eine Doppelkopf- oder Skatrunde gibt, die sich über Zuwachs freuen würde. Vielleicht gefällt dir das Ganze besser, als du immer gedacht hast – der soziale Aspekt ist schließlich nicht zu unterschätzen.

198

WER BIN ICH?

Dieser Spielklassiker ist ziemlich kurzweilig, lustig und unterhaltsam – manchmal muss man das Rad gar nicht neu erfinden. Alle Mitspieler:innen schreiben zuerst eine bekannte Person, Comicfigur oder auch ein Tier auf einen Zettel und kleben diesen dann ihrer/ihrem rechten Sitznachbar:in auf die Stirn. Dann versucht man herauszufinden, wer man selbst ist, indem man der restlichen Runde Fragen stellt, auf die mit „Ja" oder „Nein" geantwortet werden kann. Geraten wird im Uhrzeigersinn, bei einer „Nein"-Antwort wird gewechselt und wer sich selbst am schnellsten erraten hat, hat gewonnen!

199

VERKLEIDEN

Wenn dir dein eigenes Leben grau erscheint, kann es ganz erholsam sein, wenigstens für ein paar Stunden in eine ganz neue Rolle zu schlüpfen, zumindest äußerlich: Verkleiden ist angesagt! Lass deinen Wünschen und deiner Fantasie freien Lauf: Bist du eher Paradiesvogel oder Mafiosa, Diva oder Dandy? Durchwühle Kleiderschränke, Kostümkisten und Secondhand-Shops und vertiefe dich in Make-up-Tutorials. Vielleicht hast du ja auch Lust auf eine Motto-Party, dann kannst du dich gleich auch noch mit der passenden Deko befassen …

Mögliche Mottos wären zum Beispiel:

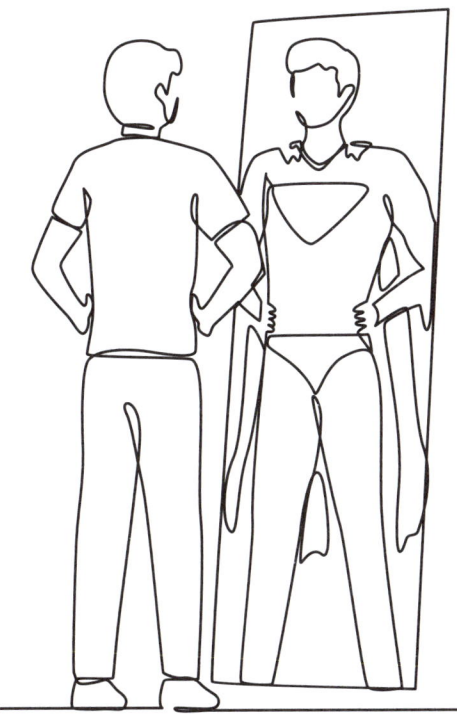

- James Bond: Da geht fast alles – von der Sekretärin Moneypenny bis zum Voodoopriester.

- Weltraum: Star Wars und Star Trek endlich vereint …

- Burlesque: Dita Von Teese lässt grüßen.

- Food: Endlich mal mit 'ner Wurst feiern – oder doch lieber mit einem Brokkoli?

- Bad Taste: Geht eigentlich immer.

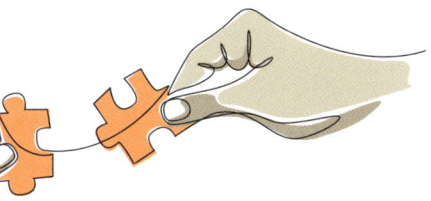

200

RUMPUZZLEN

Puzzlen ist für dich die perfekte Methode, um abzuschalten, doch du hast einfach keinen Platz dafür? Dann spiele doch online! Dort gibt es einige kostenlose Puzzlemöglichkeiten. Du kannst zwischen vielen Motiven wählen und bestimmen, wie viele Teile dein Puzzle haben soll.

201

SUCHBILDER

Erinnerst du dich noch, wie du als Kind stundenlang an den Suchbildern auf den Kinderseiten in Zeitschriften und Zeitungen geknobelt und die Welt um dich herum vergessen hast? Diese Form der kurzzeitigen Weltflucht klappt auch heute: Schnapp dir einfach ein Suchbild, wenn du eine kleine Auszeit zwischendurch brauchst oder nach der Arbeit auf andere Gedanken kommen möchtest. Im Zeitschriftenhandel findest du ganze Bücher mit Such- oder Fehlerbildern, und auch online gibt es ein großes kostenloses Angebot.

202

MUSIKQUIZ

„Gestern schienen alle meine Probleme so weit weg. Jetzt sieht es so aus, als ob sie hier sind, um zu bleiben. Oh, ich glaube an das Gestern." Kommt dir der Text irgendwie bekannt vor? Kein Wunder, denn das ist der Beatles-Klassiker *Yesterday*, allerdings von einem Übersetzungsprogramm ins Deutsche übertragen. Und das ist genau der Stoff, aus dem man ein lustiges Musikquiz machen kann. Gespielt wird in Teams. Außerdem braucht ihr jemanden, der die Original-Songtexte (ihr könnt auch vom Deutschen ins Englische übersetzen lassen) in ein Online-Übersetzungstool einspeist und die Übersetzungen vorliest. Das Team, das als erstes richtig rät, bekommt einen Punkt. Ziemlich amüsant!

203

EINLADUNG ZUM KRIMIDINNER

Hol dir die (Ent-)Spannung einfach nach Hause und lade Freunde und Freundinnen zum Krimidinner ein. Spielanleitungen gibt es für kleines Geld bei verschiedenen Buch- und Spieleverlagen. Die Auswahl ist riesig, und je nachdem, für welches Setting du dich entscheidest, kannst du die Gäste bitten, ihre Garderobe entsprechend abzustimmen. Und keine Angst: Das Essen spielt an dem Abend keinesfalls eine zentrale Rolle, du musst nicht lange in der Küche stehen. Kriminalfälle lassen sich nämlich auch bei Pizza vom Lieblingsitaliener oder leichter asiatischer Küche ganz wunderbar lösen.

204

MEMORY IN LEBENSGRÖSSE

Diese Memory-Variante ist toll für größere Gruppen. Zwei Personen, die Memoryspieler:innen, gehen vor die Tür. Alle anderen sind die Memorykarten – immer zwei Personen bilden ein Paar. Jedes Paar überlegt sich eine Bewegung, dann stellen sich alle Memorykarten gemischt auf. Dann werden die Memoryspieler:innen reingerufen und stellen sich auf einen Stuhl oder eine Stufe, um eine gute Sicht aufs Spielfeld zu bekommen. Abwechselnd rufen sie je zwei Personen auf, die dann „ihre" Bewegung zeigen. Ziel ist es, wie im klassischen Memory, möglichst viele Paare zu finden. Bei einem Treffer ist man noch mal an der Reihe.

Ihr könnt Menschenmemory auch in anderen Varianten spielen. Statt einer Bewegung können die Paare auch ein gemeinsames Geräusch wählen oder ein Begriff in einer Fremdsprache.

205

WORTKLAUBEREI

Zahlen sind nicht so dein Ding und Sudokus überlässt du lieber den anderen? Dann kannst du es ja mal mit einem Online-Wordle probieren. Kennst du nicht?

Bei Wordle und vergleichbaren Spielen geht es darum, ein Wort mit fünf Buchstaben zu erraten. Dazu hast du insgesamt sechs Versuche. Der erste Rateversuch ist komplett blind, d.h. du trägst ein beliebiges Wort mit fünf Buchstaben in das Raster ein. Ist ein Buchstabe korrekt und steht an der richtigen Stelle, wird das Kästchen nach dem Raten grün. Kommt der Buchstabe zwar im Wort vor, ist aber noch nicht an der richtigen Position, erscheint das Kästchen gelb. Und kommt der Buchstabe gar nicht vor, wird das Kästchen grau. Mit diesen Informationen tastest du dich dann zur Lösung vor. Wordles findest du, ebenso wie Sudokus, auf ungezählten Online-Plattformen, und online stößt du auch auf viele Tricks und Tipps für den schnellsten Lösungsweg. Aber aufgepasst: Wordles haben echtes Suchtpotenzial.

206

ESCAPE GAMES

Der Name ist Programm: Flucht ist angesagt, nicht nur aus dem Alltagstrott. Versuche es doch einmal mit einem Escape Game, falls du dich besonders abgespannt fühlst, am besten mit einer Real-Life-Variante. Buche mit ein paar Gleichgesinnten eine Session in einem Live-Escape-Room-Game – oder geh ganz *old school* in eine Buchhandlung oder einen Spielwarenladen und kauf dir ein Escape-Spiel zum Anfassen.

Escape Games sind nur im Team zu lösen und stärken damit Kooperationsbereitschaft und Teamgeist. Und nicht nur das: Das Lösen kniffeliger Rätsel und das Bewältigen von Herausforderungen verbessern deine Frustrationstoleranz und dein Durchhaltevermögen. Und das sind eindeutig Eigenschaften, die man im Alltag gut brauchen kann.

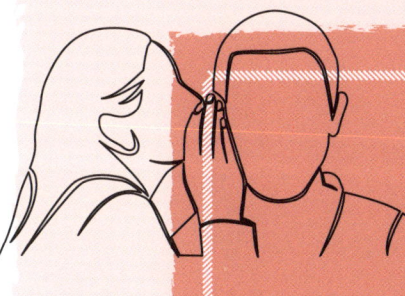

207

FLÜSTERPOST

Immer gut für einen kleinen Lacher zwischendurch ist dieses Wortspiel, bei dem Groß und Klein sich prima zusammen vergnügen können. Alle Spieler:innen sitzen hinter- oder nebeneinander in einer Reihe oder im Kreis. Die erste Person flüstert ihrem/ihrer Nebensitzer:in ein Wort oder einen kleinen Satz ins Ohr. So geht es weiter, bis das Ende der Reihe erreicht ist. Dann sagt die letzte Person an, was sie verstanden hat, und die erste, welche Nachricht sie losgeschickt hat. Die Ergebnisse sind häufig ziemlich amüsant.

208

ZAUBERN

Für die ganz großen Tricks lassen sich erfolgreiche Magier:innen zwar nicht in die Karten blicken, aber den ein oder anderen unkomplizierten Zaubertrick kann man per Videotutorial schon lernen. Wie wär's also mal mit Magie statt Missmut?

209

MEIN OPA PLANTSCHT IN DER BADEWANNE

Immer für eine (Mittags-)Pause gut ist dieses lustige Spiel, das du vielleicht auch unter dem Namen „Onkel Fritze" kennst. Gespielt wird mit vier Personen.

IHR BRAUCHT:

- 4 Stifte
- 4 große karierte Blätter

SO GEHT'S:

Alle bekommen ein Blatt, das ihr im Querformat benutzt. Teilt das Blatt nun in vier senkrechte Spalten ein. Über die Spalten schreibt ihr denn nacheinander folgende Fragen:

Wer?	Tut was?	Wie?	Wo?
Mein Chef	tanzt	wild	in der Badewanne.
Onkel Fritze	jongliert	leise	in der Umkleide.

Nun schreibt jeder in die erste Spalte den Namen einer echten oder ausgedachten Person oder auch eines Tieres (z. B. der Esel, die Ameise). Dann falten alle den linken Rand ihres Blattes so nach hinten, dass man den Namen nicht mehr lesen kann. Der Zettel wird nach links weitergereicht.

In die zweite Spalte schreibt nun jede Spielerin oder jeder Spieler ein Verb in der dritten Person Singular, das beschreibt, was die Person tut (hüpft, singt, schmatzt …). So fahrt ihr fort, bis alle Spalten gefüllt sind. Dann werden die Blätter ein letztes Mal weitergereicht und die Sätze reihum vorgelesen.

Ihr könnt natürlich noch weitere Spalten einführen, zum Beispiel die Fragen „Mit wem?" oder „Wann?". Eventuell müsst ihr dann beim Vortragen der Sätze noch einige spontane Anpassungen in der Grammatik vornehmen.

210

VERKEHRTE MONOPOLY-WELT

Monopoly macht ja eigentlich nur dem Spaß, der möglichst viel Grundbesitz anhäufen und von den anderen Wuchermieten verlangen kann. Und das war von Anfang an auch so gedacht. Erfinderin des Spiels war nämlich eine Engländerin namens Elizabeth Magie, die Anhängerin der Wirtschaftsphilosophie des Georgismus war und zeigen wollte, dass arbeitslose Einkünfte des Grundbesitzers auf der einen Seite Armut und Verelendung auf der anderen Seite schaffen. Das konnte zwar den Kapitalismus nicht aufhalten, wurde aber ein Welterfolg. Wenn dir das klassische Monopoly eher die Laune verhagelt, könntest du es ja mal mit der Spielvariante „Monopoly für schlechte Verlierer" versuchen: Da verdient man nämlich Geld, wenn man lästige Dinge tut wie zum Beispiel Miete entrichten. Sogar eine Pleite macht sich bezahlt. Das hebt garantiert die Stimmung!

211

TIC-TAC-TOE

Ein echter Spielequickie ist dieses Strategiespiel, das dir vermutlich noch aus Schulzeiten in Erinnerung geblieben ist. Das Spielfeld besteht aus einem 3 x 3 Felder großen Gitter, gespielt wird zu zweit gegeneinander. Nun setzt ihr abwechselnd eure Symbole (meistens X und O) in die Felder, um eine Reihe von drei Symbolen horizontal, vertikal oder diagonal zu bilden. Der- oder diejenige, die/der dies zuerst schafft, hat gewonnen. Wenn alle Felder gefüllt sind, ohne dass jemand von euch eine 3er-Reihe bilden kann, endet das Spiel unentschieden.

Tic-Tac-Toe hat man übrigens schon im Mittelalter gespielt, und in dem Film *Wargames – Kriegsspiele* (1983) ist das Spiel buchstäblich kriegsentscheidend. Falls du eine Schwäche für die 1980er-Jahre hast, kannst du ihn dir ja mal ansehen, um ein bisschen abzuschalten …

212

SCHIFFE VERSENKEN

Du würdest deine Chefin am liebsten in die Luft schießen? Lohnt sich nicht. Mach deinem Ärger lieber Luft, indem du ein paar Schiffe versenkst. Vergessen, wie's geht?

HIER NOCH MAL EINE KURZE ERLÄUTERUNG:

Gespielt wird zu zweit gegeneinander. Ihr braucht zwei karierte Blätter, auf die ihr nebeneinander jeweils zwei Spielfelder mit 10 x 10 Kästchen einzeichnet – das linke ist das eigene Meer, das rechte das gegnerische. In der Waagerechten sind die Kästchen nummeriert, in der Senkrechten mit Buchstaben versehen. Jede Partei hat 10 Schiffe: 1 x 5 Kästchen, 2 x 4 Kästchen, 3 x 3 Kästchen und 4 x 2 Kästchen.

Nun trägt jede Partei ihre eigenen zehn Schiffe mithilfe von Kreuzchen im eigenen Meer ein. Dabei gelten folgende Regeln: Die Schiffe dürfen nicht aneinanderstoßen, auch nicht an den Ecken. Sie dürfen nicht über Eck gebaut sein, keine Ausbuchtungen haben. Es sind nur senkrechte und waagerechte Positionen erlaubt (siehe zum Beispiel Spielfeld rechts).

Lost dann aus, wer beginnt. Nenne der gegnerischen Partei eine Koordinate, z. B. B2, wo du ein Schiff vermutest. Liegt dort tatsächlich eines, muss die Antwort der Gegenpartei lauten: „Treffer!" Ist deine Vermutung falsch, bekommst du die Antwort „Wasser". Markiere deine Treffer auf dem rechten Spielfeld mithilfe von Kreuzen. Fehlschüsse kennzeichnest du mit einem Kreis im entsprechenden Kästchen. Wenn du einen Treffer gelandet hast, bist du noch einmal an der Reihe, wenn nicht, dann ist deine Gegnerin oder dein Gegner am Zug.

Wirst du von der gegnerischen Partei getroffen, kannst du das auf deinem Spielfeld markieren, indem du das Kästchen ganz ausmalst. Sobald alle Koordinaten eines deiner Schiffe getroffen wurden, musst du „Versenkt!" sagen. Dann darf dein:e Gegenspieler:in noch einmal schießen. Gewonnen hat, wer zuerst alle gegnerischen Schiffe versenkt hat.

213

SKIP-BO

Unterhaltsam und entspannend ist das Kartenspiel Skip-Bo für zwei bis sechs Personen. Vielleicht kennst du es auch als *Asse raus* oder *Katz und Maus*. Ziel des Spiels ist es, seine Karten so schnell wie möglich loszuwerden. Dazu legt man sie in numerischer Reihenfolge ab, ganz ähnlich wie beim Rommé. Also ist nicht nur Strategie und Konzentration gefragt, sondern auch ein bisschen Glück. Man muss sich das Spiel übrigens nicht unbedingt kaufen, sondern kann es alternativ auch mit drei Rommé-Decks spielen. Die Könige sind dann die Skip-Bos, die Joker. Die Spielregeln findet ihr problemlos online.

214

WASSERSCHLACHT

30 °C, die Sonne brennt, das Hirn ist leer? Da hilft nur noch eine Wasserschlacht – im heimischen Garten, am See oder auf dem nächstgelegenen Wasserspielplatz. Viel Spaß!

215

GALGENMÄNNCHEN

Für dieses Buchstabenspiel müsst ihr mindestens zu zweit sein. Man kann es prima zwischendurch spielen, um auf andere Gedanken zu kommen oder dem Arbeitsgehirn eine kleine Pause zu gönnen.

Einer von euch überlegt sich ein Wort und schreibt den ersten Buchstaben davon auf ein Blatt Papier. Für jeden weiteren Buchstaben des Wortes zeichnet er einen kleinen Strich als Platzhalter. Der Gegenspieler rät nun die einzelnen Buchstaben des Wortes. Liegt er richtig, wird der jeweilige Buchstabe an die entsprechende Stelle gesetzt. Für jeden falschen Buchstaben wird ein Stück mehr eines Galgenmännchens gemalt. Das Spiel ist zu Ende, wenn das Wort erraten wurde oder das Strichmännchen am Galgen fertig gezeichnet ist.

Tipp: Schreibt euch das Alphabet auf und streicht die schon genannten Buchstaben durch, so vermeidet ihr, Buchstaben doppelt zu nennen.

216

QWIRKLE

Das Tolle an diesem Kombinations- und Legespiel ist, dass es für den Erfolg zwar Taktik und Strategie braucht, aber immer auch ein bisschen Glück. Ziel des Spiels ist es, die Spielsteine mit Symbolen in sechs verschiedenen Farben und sechs verschiedenen Formen zu sinnvollen Reihen (an)zulegen. Damit erinnert Qwirkle auch ein wenig an Scrabble. Gespielt wird es mit zwei bis vier Personen, eine Partie dauert zwischen 30 und 45 Minuten. Der Name kommt übrigens von dem englischen Wort *quirky*, das so viel wie „eigenwillig" oder „verschroben" bedeutet.

217

DARTS

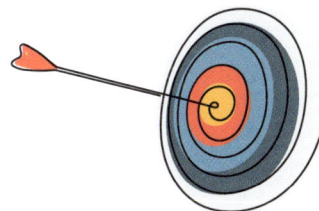

Nicht umsonst hängt in dem ein oder anderen Büro eine Dartscheibe, denn eine Runde ist schnell gespielt und trotzdem eine wirkungsvolle Auszeit für den Kopf: Wenn du ins Schwarze treffen willst, darfst du absolut an nichts anderes denken. Für den Freizeitsport zu Hause und im Büro, insbesondere, wenn man mit Kindern lebt, empfiehlt sich ein Safety-Dart. Bei dieser sicheren Dart-Variante haben die Pfeile abgerundete Gummi-Spitzen und bleiben in der genoppten Zielscheibe des Dartspiels stecken. So kannst du gefahrlos Frust abbauen.

218

SCHARADE

Scharade lenkt nicht nur ab, sondern ist auch noch ziemlich lustig. Und man kann es mit Personen jeden Alters spielen. Falls dir die Regeln nicht mehr präsent sind: Jeweils ein:e Spieler:in stellt einen Begriff, eine Redewendung, eine Serie oder einen Filmtitel pantomimisch – also per Gesten, Mimik und Bewegungen – dar, ohne dabei zu sprechen, und die anderen Spieler:innen versuchen, den Begriff zu erraten. Dabei gibt's nicht nur reichlich zu lachen, sondern ihr fördert auch noch eure Kreativität und eure Kommunikationsfähigkeit.

Zum Spielen braucht man mindestens zwei Personen, die zuerst Begriffe auf kleine Zettel schreiben. Diese kommen zusammengefaltet in Behälter für die gegnerischen Teams. Zum Messen der Ratezeit, die normalerweise ein bis zwei Minuten beträgt, braucht ihr einen Timer oder eine Stoppuhr.

Dann zieht jemand aus dem aktiven Team einen Zettel und liest, was darauf steht, ohne den übrigen Spielern und Spielerinnen den Begriff zu verraten. Sobald die darstellende Person bereit ist, wird der Timer gestartet, und sie stellt den Begriff pantomimisch dar. Schafft ihr Team es, den Begriff zu erraten, bekommt es einen Punkt. Gelingt das nicht, gibt es entweder keinen Punkt, oder der Punkt geht an das gegnerische Team. Das Spiel geht so lange weiter, bis die vereinbarte Rundenzahl erreicht ist oder bis keine Begriffe mehr übrig sind. Gewonnen hat dann das Team mit den meisten Punkten.

RÜHREN, HACKEN, KNETEN, SCHLAGEN –

ABSCHALTEN IN DER KÜCHE

Du bist gestresst? Du hast gerade die Nase voll von all den Anforderungen und Ansprüchen, die an dich gestellt werden? Dann geh doch mal in die Küche! Dort kannst du nicht nur kreativ sein und dir ganz nebenbei auch noch selbst etwas Gutes tun, sondern einem Teig auch einfach mal zeigen, wo der Hammer hängt. Und wonach auch immer dir der Sinn steht: Du hast danach auch meistens etwas Leckeres auf dem Tisch. Win-Win!

219

UNGEWOHNT LECKER

Hast du auch deine Standard-Rezepte, die ganz regelmäßig auf den Tisch kommen? Sie schmecken dir, du liebst sie, sie gehen dir routiniert von der Hand. Aber – es ist mit der Zeit auch sterbenslangweilig.

Bring neuen Schwung auf deinen Speiseplan und stell den nächsten Tag, das nächste Wochenende oder sogar die ganze nächste Woche unter ein bestimmtes Motto. Das kann „vegan" heißen, „italienisch", „asiatisch" oder „keto" – es ist dir und deinen Vorlieben überlassen. Wichtig ist dabei nur, dass du aus dem täglichen Einerlei herauskommst und beim Sichten deiner Kochbücher, dem Schreiben deines Einkaufszettels, dem Zubereiten und vor allem dem Genießen deiner neuen Rezepte abschaltest, in neue Aromen eintauchst und deine Geschmacksknospen aus dem Dornröschenschlaf wachküsst.

220

FRISCHEKUR

Hast du in der Nähe einen Wochenmarkt? Dann statte ihm einen Besuch ab. Frischer geht's nicht – und wenn du genügend Taschen mitnimmst, sparst du auch Müll ein. Zudem gibt's keine Großpackungen. Du kaufst genau das ein, was du möchtest, und das ist das beste Mittel gegen Lebensmittelverschwendung. Neben diesen ganzen Vorzügen bietet der Wochenmarkt aber noch etwas Weiteres: Du bist an der frischen Luft, kannst einen Plausch mit den Händlern halten und dir die schönsten Früchte und das knackigste Gemüse aussuchen. Gratis dazu gibt es meistens noch einen kleinen Zubereitungstipp und am Ende hast du ganz viele Fliegen mit nur einer Klappe geschlagen: ein leckeres Essen, frische Luft, beste Zutaten, wenig Müll. Vor allem aber kannst du in dieser Zeit wunderbar abschalten!

221

STARKE REIZE

Ein starker Reiz stimuliert deine Sinne und lenkt alle Konzentration genau darauf. Wenn du also ohne Umwege dein Gedankenkarussell zum Stehen bringen möchtest, dann beiß in eine Zitronenscheibe. Ganz Mutige nehmen eine Chilischote.

222

DER STYLE MACHT DEN UNTERSCHIED

Mittags mal schnell den Teller vollhäufen und vor dem Rechner hastig essen? Kann man machen, Gutes tut man sich damit aber nicht an – und abschalten geht auch anders. Richte dir doch zur Abwechslung mal dein Essen so an, als würdest du für einen Herzensmenschen kochen. Nimm das beste Geschirr aus dem Schrank, garniere mit frischen Kräutern und serviere alles an einem schön gedeckten Tisch. Nur. Für. Dich. Alleine. Du bist es dir wert!

223

SPICE IT UP!

Kreiere deine eigene Gewürzmischung! Rieche an deinen verschiedenen Gewürzen und überlege, was gut zusammenpasst und womit du ein ganz individuelles Kräutersalz für dein Quarkbrot zaubern könntest. Vielleicht mit Thymian, Rosmarin und rosa Pfeffer? Oder vielleicht mit Fenchel, Chiliflocken und Garam Masala? Deiner Nase, deinem Geschmack und deiner Experimentierfreude sind keine Grenzen gesetzt!

224

MARMELADE KOCHEN

Süßer Abschalten geht kaum: Koch doch mal Marmelade! Das Grundrezept dafür ist denkbar einfach: 500 g Gelierzucker 2:1 und 1 kg Obst nach Saison, Belieben oder was das Tiefkühlfach so hergibt. Tiefgekühltes Obst auftauen lassen, frisches Obst waschen, putzen und bei Bedarf entsteinen. Dann einfach pürieren und mit dem Gelierzucker aufkochen. 4 Minuten sprudelnd kochen lassen und dabei immer schön gleichmäßig rühren. Eine Gelierprobe machen, das heißt, einen Teelöffel Marmelade auf einen kalten Unterteller geben. Wird die Marmelade darauf streichfest, ist sie fertig. Falls sie flüssig bleibt, koch sie 2 Minuten weiter. Die fertig gekochte Marmelade direkt in ausgekochte Gläser füllen, verschließen und für 5 Minuten auf den Kopf stellen, damit sich ein Vakuum bildet. Die abgekühlten Gläser mit schönen Schildern beschriften, die Hälfte verschenken und die andere Hälfte selbst genießen.

VARIATIONSMÖGLICHKEITEN:

- Rühre 1 Esslöffel Zitronensaft in die Fruchtmischung, damit bleiben die Farben länger leuchtend und deine Marmelade wird noch fruchtig-frischer.

- Experimentiere mit weiteren Aromen, wie z. B. Vanillemark, Zimt, Tonka-Bohne, Chilipulver oder Thymian. Zudem kann auch etwas dunkles Kakaopulver oder mitpüriertes Marzipan köstlich schmecken – je nach Frucht, Jahreszeit und persönlichem Geschmack.

225

GEMEINSAM KOCHEN

Was ist noch besser, als alleine zu kochen? Na, klar: Mit Freunden zu kochen! Aber wann hast du das das letzte Mal gemacht? Ist wahrscheinlich schon ziemlich lange her. Das lässt sich leicht ändern: Setze einen E-Mail-Verteiler an deine besten Freunde und Freundinnen ab und verabredet euch zu einem gemeinsamen Kochabend in deiner Küche! Und damit die Abstimmung leicht ist und keine zehn Mails hin- und hergeschickt werden müssen: Schlag am besten schon ein Motto, zum Beispiel ein bestimmtes Land oder eine Region, vor.

226

SLOW COOKING

Immer in Hetze, immer im Stress und mit den Gedanken nie bei der Sache, die man gerade macht, sondern immer schon drei Schritte weiter ... Kommt dir das bekannt vor? Heute heißt es raus aus dem Hamsterrad der Verpflichtung und des Multitaskings. Nimm dir einfach mal Zeit zum Kochen!

Mach alles ganz in Ruhe: Kräuter waschen, abtropfen lassen und die Blätter abzupfen. Das Gemüse in schöne, gleichmäßig große Streifen schneiden, alle Lebensmittel mit Respekt behandeln und mit Bedacht verarbeiten. Konzentriere dich ganz auf die Aufgaben, die du jetzt, in diesem Moment, in der Küche zu tun hast und sei ausschließlich damit beschäftig. Dein Handy klingelt? Ruf später zurück! Lass dir Zeit zum Kochen, zum Abschmecken und vor allem zum Genießen!

227

GEDULD ZAHLT SICH AUS

Eine kleine schöne Übung, die deine volle Konzentration erfordert: Filetiere eine saftige Orange! Zuerst schneidest du mit einem scharfen Messer ringsum die Schale weg und entfernst dabei auch die weiße Haut. Dann schneidest du zwischen den einzelnen Segmenten die Fruchtfilets heraus – am besten über einer Schale, damit der Saft aufgefangen wird.

Und was passiert dann mit den Filets? Na, die isst du selbstverständlich. Genieße jedes einzelne ganz bewusst – denn es ist die zarteste Versuchung, seit es Zitrusfrüchte gibt.

228

DER HÄLT WAS AUS ...

Es gibt so Tage, da würde man einfach mal gerne auf den Tisch hauen! Und damit einem dabei nicht die Hand weh tut und man gleichzeitig noch etwas Leckeres zu essen hat: Hau einfach deinen Hefeteig auf den Tisch.

Ein Hefeteig ist schnell zusammengeknetet: Für einen süßen Hefezopf brauchst du 200 ml lauwarme Milch, 20 g frische Hefe (oder 1 Päckchen Trockenhefe), 500 g Weizen- oder Dinkelmehl, 1 Ei, 80 g flüssige Butter und 80 g Zucker. Schütte die lauwarme Milch in einer Schale und bröckele die Hefe hinein. Mit einer Gabel verrühren, bis sie sich aufgelöst hat. Verknete dann die Mischung mit den restlichen Zutaten und lass den Teig 1 Stunde abgedeckt an einem warmen Ort ruhen. Dann darf geschlagen werden: Nimm den Teig auf eine bemehlte Arbeitsfläche, ziehe ihn mit den Hände auseinander und schlage ihn kräftig auf die Arbeitsfläche. Wiederhole den Vorgang, bis dir warm wird und du abschalten kannst: Immer auseinanderziehen und dann schön kräftig auf die Arbeitsfläche schlagen.

Anschließend teilst du ihn in drei Teile, flechtest einen Zopf und legst diesen auf ein mit Backpapier belegtes Backblech. Lass deinen Zopf noch mal 20 Minuten gehen und heize in dieser Zeit den Backofen auf 180 °C vor.

Bestreiche deinen Zopf nach Belieben mit einem verquirlten Milch-Eigelb-Gemisch (etwas pure Milch tut es auch), bestreue ihn nach Belieben mit Hagelzucker und backe ihn etwa 35 Minuten goldgelb. Am besten schmeckt er noch ganz frisch und leicht lauwarm .... Hmmmmm!

229

WIE DAS DUFTET!

Frische Kräuter sind einfach toll. Und eigene frische Kräuter zu haben ist fantastisch. Leg dir doch mal deinen eigenen Kräutergarten an. Beim Pflegen und Schnuppern kommst du ganz bestimmt auf andere Gedanken – und das ein oder andere Blättchen wandert dann in Zukunft viel leichter in deinen Kochtopf, zum Salat oder in die Teetasse. Wie, du hast keinen Garten? Überhaupt kein Problem! Leg dir einfach hübsche Kräutertöpfe zu, die du entweder auf den Balkon oder vor das Küchenfenster stellst.

230

SUSHI SELBER MACHEN

Hast du auch vor der Zubereitung von Sushi richtig Respekt? Damit bist du nicht allein. Sushi gilt als wahnsinnig kompliziert in der Zubereitung – aber das muss gar nicht so sein. Probiere es einfach mal aus! In jedem Asialaden gibt es Sushi-Reis, Nori-Algen und Bambusmatten und es macht richtig Spaß, einfach mal was zu wagen. Fisch in Sushi-Qualität braucht es dafür auch gar nicht. Sushi schmeckt auch köstlich mit Avocado- und Gurkenfüllung, mit Kräutern und Sour-Cream und eigentlich mit allem, wonach dir der Sinn steht. Für den Anfang sind die Sushi-Röllchen, die sogenannten Maki am besten, denn hier kann in der Zubereitung eigentlich nichts schiefgehen: Du legst dafür einfach das Nori-Algenblatt auf die Bambusmatte, gibst dann den Reis darauf (der obere Rand des Algenblatts muss frei bleiben) und belegst den Reis mit deiner Füllung. Mithilfe der Bambusmatte lässt sich alles leicht aufrollen. Dann wird der freie Rand des Algenblatts befeuchtet und an der Rolle befestigt. In Scheiben schneiden, fertig! Im Internet gibt es viele Rezepte und Anleitungen. Trau dich. Abschalten garantiert!

231

KREIERE NEUE SÜSSPEISEN

Sei kreativ und experimentiere mit Aromen. Gerade beim Thema Desserts kann eigentlich nicht viel schiefgehen, denn wie heißt es doch so schön? Aus Gutem wird Gutes!

Auf Desserts angewandt könnte das zum Beispiel bedeuten: Wenn du Schlagsahne, Baisers und süße Früchte zusammenbringst, kann das Ergebnis nur ein Traum sein. Aber auch aus Pfannkuchen lassen sich viele süße Versuchungen kreieren: Wie wäre es mit Röllchen am Stiel? Vielleicht sogar in Schokolade getaucht und in Krokant gewendet? Auch Pudding-Schichtspeisen sind ein großes und vor allem köstliches Experimentierfeld … Na, auf den Geschmack gekommen? Dann überleg dir doch mal in den nächsten 10 Minuten, was du morgen Süßes zaubern möchtest! Viel Spaß und schönes Abschalten beim Ausdenken, Zubereiten und Genießen!

232

HISTORISCHE REZEPTE

Essen wie im Mittelalter? Oder im Antiken Rom? Gehe in deiner Küche ungewohnte Wege und begib dich auf kulinarische Zeitreise! Welche Epoche weckt deine Neugier? Im Internet findest du zu fast jeder Epoche tolle Rezepte! Ob Moretum – eine römisch-antike Käsecreme-Rezeptur – oder ein Lauchbrei aus dem Mittelalter: Es gibt aus jeder Epoche Rezepte, die auch zu unseren heutigen Ernährungsgewohnheiten passen. Und gerade aus Versailles stammen einige verführerische Süßspeisen, zum Beispiel die „Petit Puits d'amour" (oh, là, là, kleine Liebesbrunnen), die es auch heute noch in Pariser Traditionsconfiserien gibt und die auch dir ein glückliches Lächeln aufs Gesicht zaubern werden.

233

HACK ES KLEIN!

Sprechen wir es einfach mal aus: An manchen Tagen sind wir wütend! Richtig wütend! Wir wachen morgens auf und fühlen uns nicht erholt von der Nacht. Dann stellen wir fest, dass unser Lieblings-topp mit kleinen Löchern aus der Waschmaschine kam, sitzen anschließend in einem überlangen Meeting und dann stürzt auch noch der Computer ab. Aaaargh!!! Und während wir versuchen, immer schön weiter zu funktionieren, gelingt genau das immer weniger, denn die Gedanken drehen spiralige Kreise.

Kleiner Tipp: Lass es raus, hack irgendwas einfach klein – und tu dir ganz nebenbei etwas Gutes!

Hack dir Fleisch für einen Hackepeter, ein großes Bund Petersilie für eine Gremolata oder bereite dir einen Hacketeig zu (ein klassischer Mürbeteig, bei dem du die Zutaten aber hauptsächlich mit dem Messer klein hackst) und mach dir daraus Knusperkekse. Was du hackst, ist egal. Wichtig ist, dass du beim Hacken deinen Stress abbaust. Dabei gilt selbst-verständlich: Sei dabei nicht unkontrolliert, sonst besteht Verletzungsgefahr! Hack schön kontrolliert, dabei aber ausgiebig!

Eine Variante: Nüsse knacken. Stell dir eine Schale Nüsse zurecht und während du sie knackst, stellst du dir vor, dass mit jeder Nuss ein Problem mehr beseitigt wird. Am Ende heißt es: Zurücklehnen und die Nüsse genießen!

234

MIT VERBUNDENEN AUGEN ESSEN

Garantiert ein völlig neues Geschmackserlebnis, das dich im Nu auf andere Gedanken bringt: Genieße dein Essen mit verbunden Augen (eine gute Schlafbrille tut es auch). Ganz bewusst. Ganz in Ruhe. Und mit allen Sinnen.

235

LA VIE EN ROSE

Koch heute mal nach Farben! Und warum eigentlich nicht mal die rosarote Brille aufsetzen und ein rosafarbenes Gericht zubereiten? Mit etwas Rote-Bete-Pulver oder -Saft lässt sich zum Beispiel Reis spielend leicht einfärben, aber auch Suppen oder Pasta-Gerichte.

Du magst Rosa nicht? Kein Problem! Dann koche heute grün, weiß oder gelb – wichtig ist, dass du Neuland betrittst, mit Bedacht zubereitest, genießt und dabei abschaltest!

236

KINDERTELLER

Es gibt Dinge, die machen wir höchstens für andere, aber nie für uns selbst. Schade eigentlich, oder? Überlege dir bei dem nächsten Essen, das du für dich selbst kochst, wie du es als lustigen Kinderteller arrangieren kannst. Richte es als Gesicht an, oder wie ein Schiff oder eine Blumenwiese – deiner Fantasie sind keine Grenzen gesetzt!

237

DRAUSSEN ESSEN

Das Wetter ist gut, zumindest regnet es nicht? Dann pack dir in der Mittagspause dein Essen ein und genieße es an der frischen Luft. Auf einer Sitzgelegenheit in der Fußgängerzone oder auf einer Parkbank unter einem grünen Blätterdach. Auf diese Weise wird eine einfache Mittagspause zum kleinen Ausflug, Abschalten inklusive.

238

ZERO-WASTE-KOCHEN

Kochen ohne Abfall ist aus mindestens zwei Gründen eine tolle Sache:

1. Lebensmittel sind zu kostbar, um weggeworfen zu werden.

2. In Zeiten steigender Preise spart man mit Zero-Waste-Kochen auch bares Geld.

WIE GEHT'S:

Versuche zum einen so zu kochen, dass alles verwendet wird – Stichwort Apfel- oder Kartoffelschalen, die nicht immer automatisch entfernt werden müssen. Und zum anderen: Koche aus Resten leckere neue Gerichte. Zum Beispiel Arme Ritter oder Semmelknödel aus altbackenem Brot oder Aufläufe, in denen du alle möglichen Reste verwerten kannst. Kleiner Tipp: Unter dem Stichwort „Resteküche" findest du auch im Internet eine Fülle von Vorschlägen. Also: ausprobieren und abschalten!

239

RAUS AUS DER ROUTINE

Verstauben deine Kochbücher langsam, aber sicher im Regal? Das lässt sich ändern – und dabei wunderbar abschalten.

Nimm ein Buch in die Hand, schließe die Augen und schlage dann das Kochbuch an einer beliebigen Stelle auf. Das aufgeschlagene Rezept wird gekocht!

Auf diese Weise probierst du mal was ganz Neues und etwas, dass du wahrscheinlich erst mal überblättert hättest. Raus aus der Komfortzone, rein ins Unbekannte – das sind die Ingredienzien, mit denen man garantiert den Kopf freibekommt.

240

SMOOTHIES ERFINDEN

Dein Kopf raucht, du kommst bei einem Problem nicht weiter, kurz: du musst dringend mal abschalten? Dann guck dich mal in deiner Küche um und schau, was die Obstschüssel oder das Tiefkühlfach zu bieten hat. Beim Smoothie gilt: Du kannst eigentlich rein gar nichts falsch machen – püriertes Obst schmeckt immer. Wenn du magst, dann verfeinere mit Haferdrink, Joghurt oder Milch.

241

RHYTHMISCH KOCHEN

Bring Bewegung und ganz viel Spaß an deinen Herd! Wie das geht? Ganz einfach: Hör dabei ganz laut deine Lieblingssongs und rühre, schnibbel, wende und bewege dich im Rhythmus. Mitsingen ist übrigens ausdrücklich erlaubt! Du wirst sehen: Wenn das Kochen schon so viel Spaß macht, dann schmeckt das Gericht ganz besonders gut. Und Abschalten kannst du dabei ganz automatisch und nebenbei.

242

PASTA, BASTA!

Pasta selbst zu machen ist einfacher, als du vielleicht denkst. Auch die Zutaten sind total überschaubar. Entweder ganz puristisch nur Hartweizengrieß, Wasser, Salz und Olivenöl oder erweitert durch ein zugegebenes Ei. Und nach dem Kneten heißt es Rollen. Entweder mit einer Nudelmaschine oder mit einem Nudelholz. Du brauchst dafür etwas Zeit, Geduld und deine volle Aufmerksamkeit. Belohnt wirst du mit einem tollen Geschmackserlebnis – und einem freien Kopf!

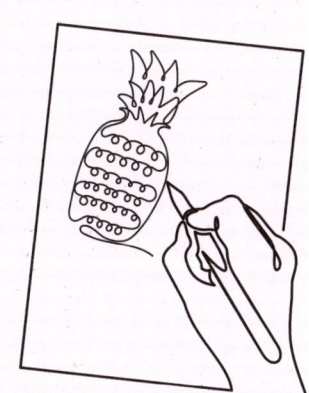

243

DEIN REZEPTBUCH

Die weltbeste Tomatensauce, DAS Rezept für Gnocchi oder auch der absolut gelingsichere Käsekuchen: Wir alle haben unsere Lieblingsrezepte, die wir im Laufe der Jahre perfektioniert haben und die es so in keinem Kochbuch der Welt gibt. Das lässt sich ändern: Erstelle ein Rezeptbuch mit deinen Lieblingsrezepten. Entweder kaufst du dir ein Rezeptbuch zum Eintragen – dann hast du schon eine Vorlage oder aber du gestaltest alles selbst. Schön in jedem Fall: Kleb ein Foto des Gerichts ein – oder, für ganz kreative Köpfe, eine von dir gestaltete Illustration.

244

KAUEN, NICHT SCHLINGEN

Die Mittagspause ist kurz, der Hunger groß – häufig schaufeln wir dann viel zu viel Essen in uns hinein. Genuss geht anders, auf Dauer nehmen wir damit auch zu viele Kalorien zu uns, abschalten können wir dabei auch nicht und nach dem Essen sind wir einfach nur erschöpft. Nimm dir deshalb von nun an mindestens einmal pro Tag beim Essen ausreichend Zeit um ausgiebig zu kauen. Und achte darauf, wie sich das Essen in deinem Mund anfühlt, verändert und schmeckt. Du wirst sehen: Wenn du dein Essen 30 bis 50 Mal kaust, macht das einen Riesenunterschied. Ganz wichtig: Konzentriere dich dabei auf nichts anderes als dein Essen – Handy und Laptop haben Sendepause.

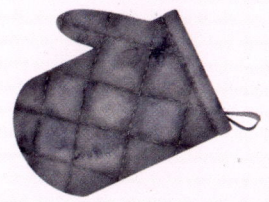

245

FOOD PAIRING

Darunter versteht man die Kombination von unterschiedlichen Zutaten, die möglicherweise erst einmal kurios erscheinen, dann aber geschmacklich perfekt matchen. Erdbeeren und grüner Pfeffer oder auch Wassermelone und Schafskäse sind solche Kombinationen, die mittlerweile auf recht vielen Speisekarten zu finden sind. Werde selbst kreativ und kombiniere unterschiedliche Lebensmittel mit besonderen Gewürzen zu einem individuellen Gaumenschmaus!

246

TEEZEREMONIE

Fällt es dir schwer, abends abzuschalten? Gehst du im Kopf immer noch die To-do-Listen des Tages durch? Oder hetzt von einer Verpflichtung zur nächsten? Eine rituelle Teezeremonie kann dir helfen, den Kopf freizubekommen und Ruhe zu finden. Baldrian, Hopfen, Melisse, Lavendel und Passionsblume sind allesamt Kräuter, denen eine beruhigende Wirkung zugesprochen wird. Hast du etwas davon auf dem Balkon? Umso besser!

Gieß dir einen feinen Kräutertee auf, den du auch gerne mit Honig süßen kannst. Mach es dir auf der Couch gemütlich, atme tief den Kräuterduft ein und genieße Schluck für Schluck deinen Tee. Ohne Handy und ohne Telefon. Du wirst sehen: Das kann wahre Wunder wirken.

247

DIE ROSINENÜBUNG

Zwei kleine Rosinen können dir dabei helfen, in 5 Minuten Abstand zwischen dich und dein Gedankenkarussell zu bringen. So geht's: Nimm eine Rosine in die Hand. Wie sieht sie aus? Wie fühlt sie sich an? Wie riecht sie? Wie klingt es, wenn du sie sacht zwischen den Fingern reibst? Geh Schritt für Schritt vor und nimm jede Einzelheit und Nuance ganz genau wahr.

Dann nimm die Rosine in den Mund. Wo genau liegt sie? Wie fühlt sie sich an? Schmeckst du schon etwas? Zuletzt kaue die Rosine und schmecke intensiv nach.

Jetzt machst du dasselbe mit der zweiten Rosine.

248

HANDARBEIT

Wann hast du das letzte Mal mit den Händen gegessen? Wir reden übrigens nicht vom Butterbrot … Wahrscheinlich ist es schon ziemlich lange her. Ändere das doch bei deiner nächsten Mahlzeit! Für Cremiges wie Hummus & Co. oder auch für Eintöpfe kannst du auch gut dünnes Fladenbrot zur Hilfe nehmen. Eines ist sicher: Diese Erfahrung bringt dich auf ganz andere Gedanken und du wirst deine Mahlzeit viel bewusster genießen!

DREI
ABSCHALT
QUICKIES
IN DER KÜCHE

249

Mit Stäbchen essen bringt dich garantiert auf andere Gedanken. Und mit dem Lerneffekt macht der nächste Besuch im Sushi-Lokal gleich noch mehr Spaß!

250

VERSUCHE, DEIN GEMÜSE IN EXAKT GLEICH GROSSE WÜRFEL ZU SCHNEIDEN. IST GAR NICHT SO EINFACH UND ERFORDERT DEINE VOLLE KONZENTRATION.

251

Verziere Kekse (gekaufte oder selbst gemachte) mit Zuckerguss, Schokostreusel, Zucker-Deko und einfach allem, was das Herz begehrt. Und während du überlegst, wo du noch Zucker-Tupfen setzen kannst, rücken die Alltagssorgen in weite Ferne!

EINFACH MAL RUNTERKOMMEN? ABER NATÜRLICH!

ABSCHALTIDEEN IN DER NATUR

Nirgendwo anders lässt es sich so leicht und gleichzeitig intensiv abschalten wie in der freien Natur. Wind im Haar, frische Luft für die Lungen und endlich Ruhe – vom Computer und vom Lärm der Stadt. Doch zur Natur zählen nicht nur Pflanzen und Bäume. Du findest in diesem Kapitel auch Ideen, die sich um Tierbeobachtung und Tierschutz drehen, denn gerade in der Verbindung mit Tieren fallen Stress und schlechte Laune ganz schnell von uns ab. Lass dich von den kleinen und größeren Ideen des Kapitels inspirieren!

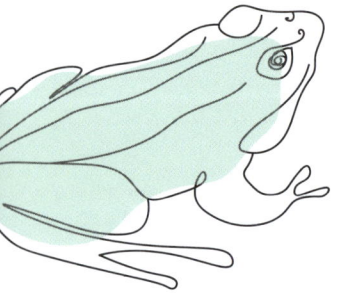

252

IM AMPHIBIENSCHUTZ AKTIV WERDEN

In der Natur für die Natur aktiv zu werden hilft ziemlich gut, um kleine und größere Alltagssorgen hinter sich zu lassen. Naturschutzorganisationen wie der NABU suchen zum Beispiel immer wieder helfende Hände im Amphibienschutz. Während der Laichsaison, die sich über zwei bis drei Monate erstreckt und Mitte März ihren Höhepunkt erreicht, werden Menschen gebraucht, die Fangzäune aufstellen, Kröten über die Straße tragen und Ersatzlaichgewässer anlegen. Außerdem wird fleißig der Bestand gezählt. Falls du mitmachen willst: Wo in der Nähe deines Wohnortes Hilfe nötig ist, erfährst du bei lokalen Naturschutzgruppen, bei der „Naturfreunde"-Gruppe deines Wohnorts oder auf den lokalen NABU-Websites.

253

MEHRTAGESWANDERUNG

Eine tolle Möglichkeit, den Alltag voll und ganz hinter sich zu lassen und richtig abzuschalten, sind Weitwanderungen, bei denen du mehrere Tage lang zu Fuß unterwegs bist und eine längere Strecke zurücklegst. Der berühmteste Weitwanderweg ist wohl der Jakobsweg nach Santiago de Compostela, doch im europäischen Weitwander-Wegenetz gibt es eine Menge sehr reizvoller Strecken, die auch für Anfänger:innen geeignet sind. Falls du noch sehr unerfahren bist oder einfach nicht dazu kommst, eine längere Wandertour individuell zu planen: Es gibt verschiedene Reiseveranstalter, die sich auf die Organisation von mehrtägigen Wandertouren spezialisiert haben und die Buchung der Übernachtungen und den Gepäcktransport übernehmen. Alleine wandern kannst du dann natürlich trotzdem. Aber du musst nicht schwer schleppen und keinen Gedanken darauf verschwenden, wo du die Nacht verbringen wirst. Entspannung pur!

254

MIT DEM KOPF IN DEN WOLKEN

Wolken beobachten macht Spaß. Probier's gleich mal aus! Leg dich ins Gras und guck in den Himmel. Kannst du was erkennen? Ein Krokodil vielleicht? Oder eher einen Wal? Oder nur einen riesigen Berg Zuckerwatte? Willkommen in Wolkenkuckucksheim!

255

VOGELBEOBACHTUNG

Tiere in der Natur zu beobachten, ist ungemein spannend und gerade beim Thema Vögel sehr ergiebig. In Deutschland gibt es deutlich mehr als 700 Vogelschutzgebiete – und eines davon sicherlich auch in deiner Nähe. Pack dein Fernglas und ein Vogelbestimmungsbuch ein, außerdem ein bisschen Proviant, und mach dich auf den Weg. Du wirst dich wundern, was du alles zu sehen und zu hören bekommst.

256

NATÜRLICHES HOMESPA

Wenn dein Energielevel so weit unten ist, dass du es nicht mehr in die Natur schaffst, hilft nur eins: die Natur muss zu dir kommen – als Kräuterbad. Besonders entspannend sind Kamille, Thymian und Lavendel. Auch Zitronenmelisse beruhigt und hilft beim Einschlafen. Für ein Vollbad brauchst du eine Handvoll getrocknete oder zwei Handvoll frische Kräuter. Die übergießt du mit einem guten Liter kochendem Wasser und lässt den Sud ca. 15 Minuten stehen. Dann gießt du ihn durch ein Sieb ins einlaufende Badewasser. Die ideale Badezeit sind 15 bis 20 Minuten bei etwa 37 °C. Danach solltest du dich am besten noch ein halbes Stündchen ausruhen.

257

KLETTERN UND BOOFEN IN DER SÄCHSISCHEN SCHWEIZ

Falls du schon Erfahrung beim Klettern oder Bergsteigen gesammelt hast, ist dir das Verb „boofen" vielleicht ein Begriff. Der Ausdruck stammt aus Bergsteigerkreisen in der Sächsischen Schweiz und bezeichnet das Übernachten im Freien. Entstanden ist er im Laufe der Zeit als Variante des Wortes „pofen" für „schlafen". Grundsätzlich ist das Freiübernachten im Nationalpark Sächsische Schweiz verboten. Eine Ausnahme bilden lediglich die 58 offiziellen Freiübernachtungsstellen oder Boofen, die man allerdings ausschließlich dann nutzen darf, wenn man zum Klettern dort ist. Falls dein Herz also dem Klettersport gehört, ist die Sächsische Schweiz ein Top-Ziel für naturnahes Abschalten rund um die Uhr. Praktische Informationen zum Boofen findest du unter anderem auf der Website des Nationalparks, beim Deutschen Alpenverein und beim Sächsischen Bergsteigerbund.

258

SCHATZSUCHE

Es fällt dir schwer, ohne Ziel durch die Natur zu spazieren? Wie gut, dass es Geocaching gibt. Mit einer kleinen Schatzsuche wandert es sich noch mal so gut. Du musst nichts weiter tun, als dich auf einer Geocaching-Plattform anzumelden oder eine passende App herunterzuladen. Dann suchst du dir einen Cache in deiner Nähe oder einem Ort deiner Wahl aus, notierst die Koordinaten und machst dich alleine oder in Gesellschaft auf den Weg. Allerdings führen die Koordinaten nicht punktgenau zum Schatz – ein bisschen suchen musst du schon selbst ...

Hier noch ein paar Tipps für die letzten Meter der Suche:

- Benutzte deine Augen und Hände, um den Schatz zu finden.

- Halte Ausschau nach Dingen, die fehl am Platz scheinen – nach Muschelschalen im Wald, Plastikdosen in Baumhöhlen und Blechbüchsen unter Parkbänken.

- Geocaches sind oft getarnt als Steine, Ziegel, Vogelhäuschen und andere Alltagsgegenstände.

- Frage dich: Wo würdest du dich verstecken, wenn du ein Geocache wärst?

- Geocaches sind nie verbuddelt (graben musst du also nicht), liegen aber trotzdem nicht unbedingt auf dem Boden. Guck nach oben, unten, um euch rum.

- Hinterlasse keinen Müll.

- Studiert die Anweisungen zum Cache ganz genau. Oft verbergen sich darin wichtige Hinweise. Auch die Kommentare anderer Schatzsucher zu deinem Cache können wertvoll sein.

- Bring auf jeden Fall einen Stift mit, um dich im Logbuch im Cache einzutragen, außerdem ein paar kleine Tauschobjekte, denn manchmal darf man sich einen Gegenstand aus dem Versteck nehmen und muss dafür einen anderen dort lassen.

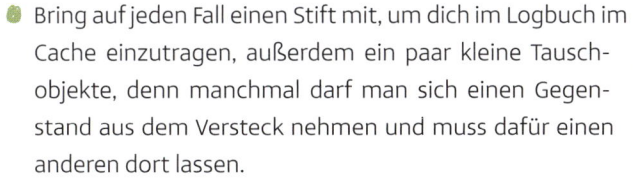

259

SONNENAUF- UND -UNTERGANG ANSEHEN

Das Betrachten von Sonnenauf- und -untergängen macht glücklich. Das ist sogar wissenschaftlich erwiesen. Das Naturspektakel mit dem Wow-Faktor versetzt uns in Staunen, und Staunen stimmt uns positiv. Dabei ist es übrigens überhaupt nicht wichtig, wo du die Sonne auf- und untergehen siehst. Ob zu Land, in der Stadt und auch im Industriegebiet, alles egal. So matt du dich auch fühlen magst: Gönn dir vor der Arbeit mal einen Sonnenaufgang oder lass Netflix für einen Sonnenuntergang sausen. Du wirst es nicht bereuen.

260

EINEN BAUM UMARMEN

Es ist immer eine gute Idee, sich eine kleine Auszeit in der Natur zu nehmen und kurz durchzuatmen. Nachweislich reichen schon zwanzig Minuten Grün, damit das Stresshormon Cortisol deutlich abgebaut wird. Wenn dir also die Hektik des Alltags, Menschenmassen und der rasende Verkehr das nächste Mal zu viel werden, weißt du, was zu tun ist. Die positive Wirkung deines kleinen oder größeren Ausflugs kannst du noch verstärken, wenn du unterwegs einen Baum umarmst, um der Natur noch näher zu kommen.

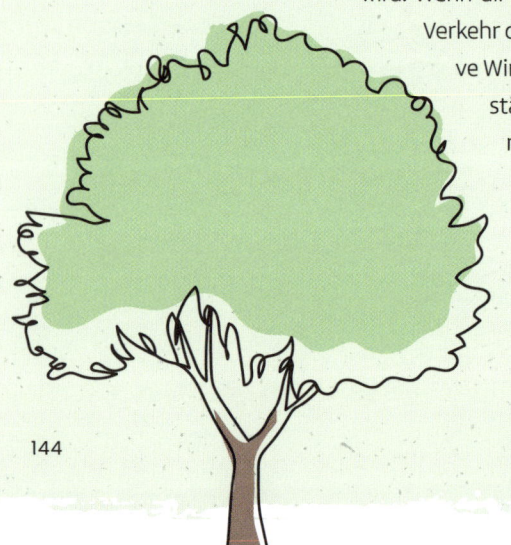

261

ZELTEN MIT FUCHS UND HASE

Klar, in Deutschland ist Wildcamping verboten. Im Wald zelten kannst du trotzdem ganz legal, und zwar auf einem der immer zahlreicher werdenden Trekkingplätze, vor allem in den deutschen Mittelgebirgen. Diese naturnahen Übernachtungsplätze sind für Trekkingurlauber:innen gedacht, die mit Rucksack und Zelt unterwegs sind und jenseits klassischer Campingplätze die Stille des Waldes suchen. Bleiben darf man immer nur eine Nacht, und anmelden muss man sich auch unbedingt – zum einen, weil dort aus Naturschutzgründen nur eine sehr begrenzte Anzahl von Wandernden übernachten kann, zum anderen, weil du erst nach Anmeldung und Zahlungseingang eine Wegbeschreibung zum gebuchten Platz sowie die genauen GPS-Koordinaten erhältst. Informationen zu Trekkingplätzen in Deutschland findest du zum Beispiel auf der Website des Deutschen Alpenvereins (www.alpenverein.de).

262

RADTOUR IN DER NATUR

Der Chef nervt, die Kollegin auch, keiner hat die Küche aufgeräumt und der Wäschekorb quillt über. Das musst du nicht aushalten. Geh einfach wieder, schwing dich auf dein Fahrrad und fahr auf dem kürzesten Wege aus der Stadt raus – zum nächsten See, in den Wald, auf den Berg. Hilft wirklich.

263

PACK DIE BADEHOSE EIN

Zugegeben, an einem heißen Sommertag bieten überfüllte Freibäder im Stadtgebiet nicht gerade ruhige Erholung und auch die eher ländlich gelegenen Wald- oder Naturschwimmbäder sind gut gefüllt. Doch wenn Familien, Kinder und Jugendliche langsam das Feld räumen, kann man dem lauen Sommerabend dort mit etwas Glück durchaus ein Stündchen Ruhe abtrotzen, den Himmel beobachten, seinen Gedanken nachhängen und sich von der Schlacht des Tages erholen. Ganz ähnlich sieht es übrigens in den Morgenstunden aus, bevor die Menschenmassen mit Sonnenschirm und Luftmatratze anrücken und die Luft nach Pommes riecht.

264

PILZWANDERUNG

Du träumst davon, im Herbst auf Pilzsuche zu gehen, traust aber letztlich nur wohlsortierter Supermarktware? Für das Problem gibt es eine Lösung: eine geführte Pilzwanderung. Und die lohnt sich, denn allein in Deutschland gibt es eine Pilzvielfalt, die dem ungeschulten Auge leicht verborgen bleibt. Bis dato sind mehr als 15 000 erkennbare Arten bekannt, die damit die Anzahl der vorkommenden Pflanzenarten bei Weitem übertreffen. Lass dich von einer Person, die sich damit auskennt, etwa einem oder einer geprüften Pilzsachverständigen, in die geheimnisvolle Welt der Pilze einführen und lerne die wichtigsten Speisepilze und ihre garstigen Doppelgänger kennen. Frische Luft und neues Wissen bringen dich dabei garantiert auf andere Gedanken.

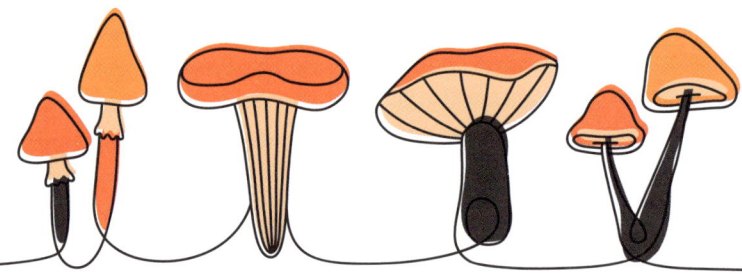

265

STERNSCHNUPPEN GUCKEN

Jedes Jahr im Juli und August zieht der Sternschnuppenregen der Perseiden über den nächtlichen Himmel. Die beste Gelegenheit, sich an den Strand oder auf eine Wiese weitab von den Lichtern der Stadt zu legen und das Naturschauspiel zu genießen. Die meisten Sternschnuppen sieht man übrigens kurz vor Anbruch der Morgendämmerung.

266

MICROGREENS ANBAUEN

Solltest du Lust verspüren, Gras beim Wachsen zuzusehen und dabei ein bisschen runterzukommen, sind Microgreens die Lösung: Von der Saat bis zur Ernte der jungen Keimpflanzen, dauert es nur wenige Tage. Noch dazu stecken sie voller Vitamine und Mineralien. Der Anbau gelingt übrigens auch ohne grünen Daumen. Das bekannteste Microgreen ist wohl Kresse, doch es gibt noch unzählige weitere Sorten. Beliebt sind etwa Alfalfa, Brokkoli, Bockshornklee, Dill, Fenchel, Grünkohl, Knoblauch, Radieschen, Rettich, Rote Bete, Rotklee und Zwiebel – ihr Anbau ist besonders unkompliziert und sie erinnern im Aroma an ihre großen Verwandten.

Der Anbau von Microgreens ist auch ohne großes Equipment ziemlich unkompliziert, und es finden sich viele Tricks und Tipps dazu im Netz. Falls dir das alles gerade zu viel ist, kannst du auch auf komplette Anbausets zurückgreifen.

267

TRETBOOT FAHREN

Mit einem pinken Schwan über den See zu gondeln ist einfach die perfekte kleine Auszeit – die Sonne glitzert auf dem Wasser, du bewegst dich, ohne ins Schwitzen zu kommen, und zur Belohnung gibt es am Ende noch ein Eis. Wenn das keine gute Laune macht …

268

SCHUHE AUS UND RAUS

Im Alltag ist meistens Tempo gefragt. Schnell zur Arbeit gehen, schnell noch das Bad durchputzen, schnell noch eine Mail schreiben. Bis dir die Puste ausgeht und du gar nichts mehr spürst. Dann ist es an der Zeit, sich zumindest vorübergehend aus dem Hochgeschwindigkeitsleben auszuklinken. Ziemlich gut geht das auf einem Barfußpfad. Wenn du das Gras unter den Füßen spürst, mit den Zehen im Schlamm spielst, ganz bewusst darauf achtest, wohin du trittst, und dich auf den Weg konzentrierst, werden Stress und Alltag beinahe automatisch ausgeblendet und du bekommst viel mehr von deiner Umgebung mit als durch dicke Schuhsohlen. Und nicht nur das: Barfuß zu laufen stärkt den Kreislauf, reguliert den Blutdruck, fördert die Durchblutung, mobilisiert die körpereigenen Abwehrkräfte und ist gut für Muskeln und Gelenke.

269

DEM SAMMELTRIEB NACHGEBEN

Sammeln macht glücklich. Das weiß jeder, der nach langer Suche endlich einen wunderschönen Steinpilz entdeckt hat. In Deutschland ist es grundsätzlich erlaubt, Pilze, Kräuter, Blumen, Beeren oder Nüsse auf Flächen in der freien Natur zu sammeln – solange man nur für den eigenen Bedarf sammelt. Das bedeutet, es gilt die im Bundesnaturschutzgesetz beschriebene „Handstraußregel", nach der du nur so viel pflücken darfst, wie zwischen Daumen und Zeigefinger passt. Nicht erlaubt ist das Sammeln in Naturschutzgebieten, und auch geschützte Blumen und Pflanzen müssen bleiben, wo sie sind.

Wahre Paradiese für Sammlernaturen sind öffentliche Streuobstwiesen, die von Städten, Gemeinden oder Vereinen bewirtschaftet werden und auf denen nach Herzenslust geerntet werden darf.

270

ZUM PFLÜCKEN AUFS FELD

Dir ist nach einem bunten Blumenstrauß gegen das graue Einerlei des Alltags? Dann gönn dir eine kleine Pause und mach dich auf zum nächsten Acker, auf dem man seine Blumen selbst pflücken kann. Am besten noch mit dem Fahrrad!

271

IM FLUSS BLEIBEN

Du hast Lust, etwas Neues auszuprobieren, dem Alltag zu entfliehen und vielleicht sogar ein Abenteuer zu erleben? Dann ist Canyoning vielleicht dein Sport. Noch nie davon gehört? Beim Canyoning durchwandert man in Begleitung eines erfahrenen Guide auf mehr oder weniger spektakuläre Weise Schluchten und Flussbetten. Echte Adrenalinjunkies springen dabei bis zu 8 Meter in die Tiefe, seilen sich auch mal 15 Meter ab und schlittern über 20 Meter lange natürliche Rutschen, aber es gibt natürlich auch gemächlichere, durchaus abwechslungsreiche Touren, die für Anfänger:innen und sogar Kinder geeignet sind. Und das Gute ist: Man geht nicht nur zu Fuß, klettert und springt, sondern es gibt auch eine Menge Touren, bei denen man sich durch einen langsam fließenden Fluss treiben lässt und genüsslich *floatet*.

Lust bekommen? Dann ab ins Internet – Anbieter gibt es naturgemäß vor allem dort, wo es Berge gibt.

272

DIE RADIESCHEN VON OBEN BETRACHTEN

Wenn man das Gefühl hat, im Alltag festzustecken, kann ein Perspektivwechsel durchaus hilfreich sein. Garantiert einen neuen Blick auf das Leben bekommst du von einem Heißluftballon aus – und nicht nur das. Altgediente Ballonfahrer:innen berichten ebenso wie Neulinge vor allem von einem überwältigenden Freiheitsgefühl. Und keine Angst vor Schwindel: Da der Ballon keinen Bodenkontakt hat, muss der Gleichgewichtssinn beim Blick nach unten nicht mit stürzenden Linien fertigwerden. Die sind nämlich häufig schuld an der Höhenangst. Ballonfahrten sind leider nicht gerade ein günstiges Vergnügen. Wünsch dir doch einfach eine zum Geburtstag!

273

WANDERN MIT TIEREN

Dass es so viele Angebote zum Wandern mit Tieren – Hunde, Esel, Alpakas oder sogar Yaks – gibt, ist eigentlich nicht verwunderlich, denn der enge Kontakt zu den Vierbeinern gilt als echter Stresskiller. Das wusste auch schon der schottische Schriftsteller Robert Louis Stevenson. Der machte sich nämlich 1878 zusammen mit einem Esel namens Modeste auf eine 12-tägige Wanderung durch die Cevennen im französischen Zentralmassiv. Der Grund: Liebeskummer. Aber offensichtlich konnte seine Reise ihn aufheitern, denn sein Buch über die Wanderung mit dem deutschen Titel *Reise mit dem Esel durch die Cevennen* liest sich ziemlich kurzweilig und amüsant. Du kannst übrigens unmittelbar auf seinen Spuren wandeln: In den Cevennen gibt es inzwischen einen Stevenson-Wanderweg, der in etwa der Strecke entspricht, den der Schotte vor rund 150 Jahren gegangen ist. Und Esel werden dort natürlich auch vermietet.

274

EHRENAMTLICH IM TIERHEIM HELFEN

Gutes tun macht glücklich und zufrieden – dich und in diesem Fall die Tiere. Im Tierheim gibt es diverse Möglichkeiten, sich zu engagieren. Viele Hunde warten nur darauf, ausgeführt zu werden. Für dich eine prima Gelegenheit, eine Runde durch Wald und Feld zu drehen und deinen Gedanken nachzuhängen. Falls dein Herz eher den Katzen gehört: Menschen, die ein paar Streicheleinheiten übrig haben, werden immer gesucht. Körperliche Nähe und sanftes Zureden hilft scheuen Katzen, Vertrauen zu Menschen aufzubauen, und zutrauliche Tiere genießen das Kuscheln einfach.

275

OUTDOOR-YOGA

Wie wär's: Roll deine Yoga-Matte doch mal auf einer lauschigen Lichtung im Wald oder mit Blick auf den See aus.

276

WANDERN AUF DEM MEERESGRUND

Das Wattenmeer der Nordsee ist seit 2009 UNESCO-Weltnaturerbe. Und das nicht ohne Grund: Auf seinen rund 11.400 Quadratkilometern leben rund 10.000 verschiedene Tierarten – Vögel, Fische, Robben und wirbellose Tiere wie die berühmten *small five* Wattwurm, Herzmuschel, Strandkrabbe, Wattschnecke und Strandgarnele. Es ist so verrückt wie faszinierend, bei Ebbe mitten im Watt direkt auf dem Meeresgrund zu stehen, wo noch wenige Stunden zuvor die Nordsee rauschte. In feinen Prielen plätschert noch etwas Wasser, dazu gibt es Muscheln, Einsiedlerkrebse, winzige Garnelen und kleine Wattwurm-Häufchen, wohin man schaut. Das Beste aber sind die unglaubliche Ruhe und Einsamkeit, die sich wie Seide auf die aufgeriebenen Nerven legen. Kurz und gut: Eine Wattwanderung ist Entspannung pur, allerdings nur mit fachkundiger Führung: Das Meer kehrt nämlich schneller zurück, als du gucken kannst.

277

NACHTS IN DEN WALD

Bei einer Nachtwanderung durch den Wald zeigt die Natur sich auch auf bekannten Wegen von ganz ungeahnten Seiten. Während der Sehsinn bei Dunkelheit eine untergeordnete Bedeutung hat, treten Gehör und Geruchssinn in den Vordergrund. Vermutlich wirst du Geräusche hören, die bei Tage untergehen oder die grundsätzlich nur nachts zu hören sind. Besonders schön ist es, die Nachtwanderung mit einem lauschigen Sonnenuntergang zu beginnen – danach bist du gleich doppelt entspannt.

278

MIT DEM WALD AUF AUGENHÖHE

Schöner als auf einem Baumwipfelpfad kann man den Boden der Tatsachen eigentlich kaum verlassen. Neue Perspektiven, interessantes Wissen, frische Luft – Herz, was willst du mehr?

279

RUNTERKOMMEN BEIM ABTAUCHEN

Tauchen, so berichten nahezu alle Menschen, die den Ausflug in die Tiefe schon einmal gewagt haben, entspannt. Die beruhigende Wirkung ist vor allem den spektakulären und spektakulär stillen Unterwasserwelten zu verdanken, die einen in der Tiefe erwarten. Leider liegen die eindrucksvollsten Tauchspots nicht vor der Haustür, doch für den Einstieg ins Tauchgeschäft musst du gar nicht um die halbe Welt reisen. Wenn du zum Beispiel „Tauchspots + [dein Bundesland]" googelst, stößt du auf jede Menge Angebote, die für Anfänger:innen durchaus schon ein Erlebnis sind.

280

ACKER MIETEN

Nach einem stressigen Tag würdest du am liebsten ausgiebig in der Erde wühlen, Unkraut jäten und dich um kleine und weniger kleine Pflanzen kümmern, hast aber weder Garten noch Balkon? Dann miete dir doch einen Acker – oder zumindest ein Stück davon. Rund um große und kleinere Städte kann man immer öfter Parzellen bei einem Bauernhof pachten – zum Selbst-Anbauen oder bereits schon vorgepflanzt. Die Vorteile sind nicht von der Hand zu weisen: Du kannst wühlen, so viel du willst, weißt eine Saison ganz genau, wo das Gemüse auf deinem Teller herkommt, und wenn du nach einem Jahr feststellst, dass dir das alles doch zu viel ist, gibst du das Projekt einfach wieder auf. Oder du bist so begeistert, dass du über einen Schrebergarten nachdenkst ...

281

WALDBADEN
MACHT FREI IM KOPF

Im Wald kannst du zu jeder Jahres- und Tageszeit abschalten. Lass dich auf Tannen, Fichten, Ulmen, Eichen oder Kiefern ein und erlebe, wie der Wald dich erdet und Hektik und Stress von den Schultern fallen.

DAS BRINGT'S:

Shinrin Yoku – so nennt man Waldbaden in Japan, dem Land, in dem Waldbaden erfunden wurde – hilft dir dabei zu entschleunigen, neue Lebensfreude zu schöpfen und deine Energiereserven aufzutanken. Bei der Kombination aus Bewegung und Atmung, schaltet dein Körper automatisch ein paar Gänge runter.

SO GEHT'S:

Geh durch den Wald und nimm dabei das weiche Moos unter deinen Füßen wahr, rieche den Duft des Holzes und höre das Rauschen der Blätter und das Knarzen der Äste. Springe über einen kleinen Bachlauf, balanciere auf einem Holzstamm – alles ohne Eile, sondern in deinem eigenen Tempo. Du wirst schon bald bemerken, wie alles auf einmal leichter wird, Druck von dir abfällt und du gar nicht anders kannst als abzuschalten.

+

DU MÖCHTEST NOCH EINEN SCHRITT WEITER GEHEN?

Dann suche dir einen Baum, der dich besonders anspricht und nimm dir 15 Minuten Zeit für eine Atemmeditation: Setze dich gerade und entspannt an den Baumstamm, lege die Hände locker auf die Oberschenkel. Schließe die Augen und nimm wahr, wie die wohltuende Waldluft durch deine Einatmung in deinen Körper einströmt und beim Ausatmen den Körper wieder verlässt. Stell dir vor, wie die frische Waldluft jede Zelle deines Körpers mit der Kraft des Waldes auflädt. Zum Abschluss der Meditation atme noch drei Mal ganz bewusst tief durch die Nase ein und durch den Mund aus.

282

WALDPAARE

Dass es die Stimmung hebt, wenn man sich konzentriert einer Aufgabe widmet, ist kein Geheimnis. Auch im Wald gibt immer etwas zu tun, zum Beispiel das Sammeln von Waldpaaren. Das kurzweilige Spiel sorgt für Unterhaltung, wenn ihr als Gruppe oder Familie im Wald unterwegs seid. Und schwierig ist es auch nicht: Eine Person aus der Gruppe sammelt zehn Dinge aus dem Wald, zum Beispiel Blätter, Steine, Pflanzen oder Stöcke. Die übrigen Spielenden haben dann 10 Minuten lang Zeit, sich alles einzuprägen, und schwärmen anschließend für 10 Minuten aus, um die gleichen Dinge zu sammeln. Wer am Ende die meisten passenden Objekte gesammelt hat, gewinnt.

KLEINE
ABSCHALT
QUICKIES

283

GEHE DEINER SAMMELLEIDENSCHAFT NACH UND MACH DICH AUF, IM HERBST BESONDERS HÜBSCHES BUNTES LAUB ZU SAMMELN UND ZU TROCKNEN.

284

Jeden Tag eine gute Tat: Geh nach einem Sommerregen spazieren und rette Weinbergschnecken, die sich auf den Asphalt verirrt haben. Die kleinen Brummer stehen sogar unter Naturschutz!

285

GEHE DIREKT NACH DEM AUFSTEHEN EINE RUNDE SPAZIEREN, ATME DIE FRISCHE MORGENLUFT UND GENIESSE DIE RUHE, DIE NOCH AUF DEN WEGEN LIEGT.

SOCIAL POWER

ABSCHALTEN MIT UND UNTER MENSCHEN

So schön individuelle Home-Office-Regelungen sind: Manchmal fällt uns alleine vor dem Bildschirm ganz besonders die Decke auf den Kopf, denn wir Menschen sind nun einmal soziale Wesen. Ohne die Gesellschaft von anderen sind die meisten von uns emotional bald aufgeschmissen. Und auch beim Abschalten zeigt sich: In Gesellschaft passiert das häufig wie von selbst. Das heißt nicht zwangsläufig, dass man mit anderen Menschen in Kontakt kommen muss. Manchmal reicht die bloße Anwesenheit anderer aus, um uns ganz wunderbar abzulenken, auf andere Gedanken zu bringen und die Welt wieder ein wenig lockerer zu sehen. Auch in diesem Kapitel wartet auf dich eine große Palette unterschiedlicher Ideen. Viel Spaß damit!

286

LET'S DANCE!

Du würdest ja gerne tanzen, aber wenn die Tanzfläche im Club endlich gut besucht ist, ist es für dich schon wieder Zeit, nach Hause zu gehen ... Mit diesem Dilemma bist du wohl nicht alleine. Mittlerweile gibt es deshalb auch in vielen Städten die Möglichkeit zu früherer Stunde zu tanzen – sei es in den Sommermonaten bei Tango- oder Salsa-Abenden unter freiem Himmel, extra-frühen Partyreihen in Clubs oder natürlich auch immer in Tanzstudios und Tanzschulen.

Beim Tanzen wird nicht nur Stress abgebaut und die Stimmung verbessert. Auch unsere Spontaneität, unser Selbstvertrauen und das Gefühl für den eigenen Körper werden verbessert. Schöner Nebeneffekt: Gerade beim Tanzen knüpfen wir auch leicht neue Kontakte.

287

KOCH- ODER BACK-KURS BESUCHEN

Ein paar neue Techniken, Kniffe und Tricks in der Küche vermittelt zu bekommen ist immer bereichernd. Zahlreiche Hotels, Restaurants und Konditoreien bieten Koch- und auch Backkurse an. Wenn du eher der süße Typ bist, dann ist Letzteres für dich besonders interessant und beim gemeinsamen Backen raffinierter Törtchen und Torten ist der stressige Alltag ganz weit weg.

Bei den Kochkursen gibt es eine besonders breite Auswahl. Ob Spitzengastronomie, Länderküche oder vegane Köstlichkeiten – wonach auch immer dir der Sinn steht, du wirst nicht lange suchen müssen, um auch in deiner Nähe das Passende zu finden.

Besonders schön an solchen Kursen: Beim gemeinsamen Werkeln und anschließendem Verkosten entstehen mitunter nette Bekanntschaften, mit denen man sich auch nach Kursende zu regelmäßigen Kochabenden treffen kann.

288

DATE-NIGHT

Neben Arbeit und Haushalt kommt der Glitzer im Alltag leider oft zu kurz. Das lässt sich ändern! Überrasche deinen Lieblingsmenschen mit einer besonderen Date Night! Und wenn du Single bist: Überrasche dann doch einfach deine beste Freundin oder deinen besten Freund!

Regeln gibt es keine, außer der, das es alles sein darf, nur nicht alltäglich! Werft euch richtig in Schale und den Alltag über Bord. Du kannst sicher sein: Schon bei der Planung wirst du wunderbar abschalten!

289

WANDERGRUPPE

Mach mal Schluss mit höher, weiter und schneller, nimm dir eine langsame Auszeit. Wandern ist dafür perfekt geeignet. Und mit einer geführten Gruppenwanderung kannst du die Organisation und Streckenplanung einfach anderen überlassen. Du kannst schweigen oder einen Plausch mit anderen führen, im besten Fall richtig nette Gleichgesinnte kennenlernen – und durch einen festgesetzten Termin kannst du auch nicht in die Falle tappen, das Vorhaben erneut auf ein andermal zu verschieben. Es spricht also alles dafür, dich im Internet schlau zu machen nach Wandergruppen in deiner Nähe. Ob Eiffel- oder Alpenverein, Naturfreunde, Nabu oder auch Privatpersonen: Du findest im Netz eine große Auswahl mit unterschiedlichen Anforderungen. Ganz sicher ist auch für dich etwas Passendes dabei.

290

ICH SEHE WAS, WAS DU NICHT SIEHST ...

Wann hast du dir das letzte Mal eine Auszeit in einem schönen Café gegönnt? Ist schon was her? Dann wird es Zeit, dieses Erlebnis aufzufrischen. Und während du genüsslich an dem Getränk deiner Wahl nippst, kannst du dir deine Umgebung und die Menschen, die vorbeigehen, ganz genau ansehen und dabei herrlich abschalten. Halte Ausschau nach Menschen mit ....

- einem Kind an der Hand

- einem Rucksack auf dem Rücken

- einem Hund an der Leine

- einem Lächeln im Gesicht

291

FLOHMARKT

Was ist noch besser, als über einen Flohmarkt zu schlendern? Klare Antwort: Selbst zu verkaufen! Es ist eine gute Gelegenheit, endlich mal den Kleiderschrank zu überprüfen, die Vasen-Vielfalt unter die Lupe zu nehmen, zu kleine Kinderklamotten auszusortieren und auch mal einen Blick in den Keller zu werfen. Schon während der Vorbereitung schaltest du von aktuellen Gedankenkreiseln wunderbar ab, am Tag selbst wirst du viele amüsante Begegnungen haben und außerdem noch ein paar Euro verdienen.

Wie? Du hast zu wenig Plunder für einen ganzen Stand? Dann schließ dich mit jemandem aus deinem Freundeskreis zusammen. Besonders praktisch: Wenn man zu zweit ist, kann eine:r auch mal über den Flohmarkt schlendern. Aber Achtung: Nicht direkt alle Einnahmen wieder in Nippes anlegen!

292

GEMEINSAME MITTAGSPAUSE MIT KOLLEGEN

Hastig im Büro vor dem Rechner das Mittagessen in sich hineinzuschaufeln ist etwas, was sicher jede:r schon mal getan hat. Aber abschalten kann man auf diese Weise nicht – ist dir bestimmt auch schon aufgefallen. Viel besser ist es, die Mittagspause mit Kollegen und Kolleginnen zu verbringen – zum Beispiel bei einem gemeinsamen Essen im Pausenraum eures Unternehmens.

Vielleicht kann ja sogar auch das Mittagessen rotierend zubereitet werden und jede:r ist an einem bestimmten Wochentag für das Mittagessen zuständig? Bei einem netten Plausch rückt die Arbeit in den Hintergrund, während aus Kollegen und Kolleginnen Freunde werden. Einzige Bedingung: Nicht über die Arbeit sprechen!

293

GEH AUF DIE STRASSE

In Deutschland gibt es das Recht auf Versammlungsfreiheit – und das sollten wir nicht nur anderen überlassen. Schließlich ist Demokratie mehr, als alle paar Jahre mal ein Kreuzchen zu setzen.

Sicher hast du auch Themen, die dir richtig wichtig sind und die du von der Politik gerne anders behandelt sehen würdest. Informier dich im Internet nach Demonstrationen zu deinem Anliegen und überlege dir ein tolles Plakat mit Wortwitz und Verstand. Indem du über den eigenen Tellerrand hinausschaust und dich für ein allgemeines Anliegen einsetzt, schaltest du automatisch von Alltagssorgen ab.

294

STYLE KANN MAN GUCKEN

Was macht guten Style aus? Begib dich zum Abschalten mal in die Fußgängerzone deiner Stadt und setze dich auf eine Bank. Halte Ausschau nach richtig gut gekleideten Menschen und überlege dir, was dir an deren Outfit eigentlich gefällt.

Wetten, dass du beim nächsten Blick in deinen Kleiderschrank dadurch mal zu Kombinationen greifst, auf die du vorher nicht gekommen wärst?

295

FUN RUN

Beim Fun Run wird keine Zeit gemessen, denn es geht – wie der Namen schon vermuten lässt – weniger um sportliche Höchstleistungen sondern vielmehr um den Spaß-Faktor. Die Distanzen liegen meist bei 5 oder 10 Kilometern, aber wenn die Puste mal ausgeht, ist bei einem Spaßlauf auch Gehen immer eine Option. Oftmals gibt es Aktivitäten entlang der Strecke, wie Musik- oder Tanzgruppen, die Atmosphäre ist entspannt und locker.

Ob der Fun Run mit einem Kostümwettbewerb punktet, mit Farbstationen, Matsch-Bädern oder Hindernissen, die es zu überwinden gilt – hier kannst du gucken, was dich am ehesten anspricht. Wetten, dass du über dieser verrückten Aktivität in Gemeinschaft alle anderen Sorgen vergisst?

296

ENTSPANNT SCHENKEN

Mit den Geburtstagen lieber Menschen ist es wie mit Weihnachten: Jedes Jahr aufs Neue stehen sie völlig unerwartet und ganz plötzlich vor der Tür. Und leider hat man unter Druck nicht immer die besten Ideen.

Nimm dir doch mal bewusst 1 Stunde Auszeit, um dir für fünf Menschen Geburtstagsgeschenke zu überlegen. Am einfachsten geht das bei einer leckeren Tasse in deinem Lieblingscafé. Schau dich um, genieße die Atmosphäre und lass deine Gedanken schweifen. Im zweiten Schritt notierst du hinter jedem Geschenk, in welchen Geschäften du dich dafür umsehen möchtest.

297

FREIWILLIGE FEUERWEHR/THW

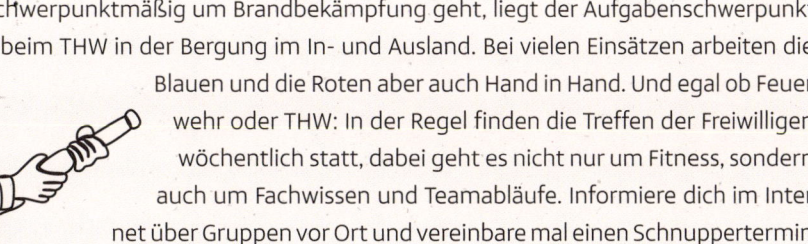

Ein starkes Team, körperliche Fitness, das Eintauchen in eine ganz neue Welt und dazu noch die Gewissheit, etwas wirklich Wichtiges zu leisten: Das alles erwartet dich als ehrenamtliches Mitglied beim Technischen Hilfswerk oder der Freiwilligen Feuerwehr. Während es bei der Feuerwehr schwerpunktmäßig um Brandbekämpfung geht, liegt der Aufgabenschwerpunkt beim THW in der Bergung im In- und Ausland. Bei vielen Einsätzen arbeiten die Blauen und die Roten aber auch Hand in Hand. Und egal ob Feuerwehr oder THW: In der Regel finden die Treffen der Freiwilligen wöchentlich statt, dabei geht es nicht nur um Fitness, sondern auch um Fachwissen und Teamabläufe. Informiere dich im Internet über Gruppen vor Ort und vereinbare mal einen Schnuppertermin.

298

BÜDCHEN-HOPPING

In Köln heißen sie Büdchen, in Berlin Spätis und überall sonst Kioske. Seit ein paar Jahren hat sich der Trend etabliert, ein Getränk am Büdchen zu holen und dann mit Freunden, Freundinnen und vielen Menschen, die es auch gerne mal locker angehen lassen, im Freien aus der Flasche zu trinken. Und je nach Lust und Laune geht es danach weiter zum nächsten Büdchen. In solch einer herrlich unkomplizierten Atmosphäre lösen sich Alltagssorgen fast wie von selbst in Luft auf.

299

ALLEINE RICHTIG FEIN ESSEN GEHEN

Schon mal alleine Essen gewesen? Nein, die Rede ist nicht vom schnellen Salatteller in der Mittagspause, sondern vom ambitionierten 3-Gänge-Menü mit dem passenden Wein. Worauf hast du Lust? Asiatisch? Italienisch? Crossover? Recherchiere ein schönes Restaurant und buche einen Tisch nur für dich alleine.

Während wir im Alltag von Punkt zu Punkt auf einer nicht enden wollenden To-do-Liste hetzen, können wir an einem solchen Abend einfach mal die Zeit anhalten und mit allen Sinnen genießen. Und gerade weil das für die meisten von uns eine eher ungewohnte Erfahrung ist, haben wir im Nu den Kopf frei. Worauf wartest du? Zieh dir was Schönes an, lass es dir richtig gut gehen und genieße deinen Abend unter Menschen in vollen Zügen.

300

KEINE GNADE FÜR DIE WADE

Vor lauter Fitness-Studios sind Sportvereine etwas aus dem Fokus geraten. Schade eigentlich – und irgendwie auch unverständlich. Vereinsbeiträge sind in der Regel deutlich günstiger als die Kosten für ein Fitnessstudio und viele Vereine haben zudem ihr Kursprogramm deutlich verjüngt. Anders als in Studios, in denen es meist recht anonym zugeht, entstehen in Vereinen auch gerne mal richtig gute Bekanntschaften, die sich nicht nur durch das gemeinsame Training, sondern auch durch besondere Veranstaltungen und Feste festigen können.

Wer weiß? Vielleicht steigst du nach und nach auch tiefer in die Vereinsarbeit ein und fütterst zum Beispiel die Vereins-Homepage mit Fotos und Berichten? Schöner Nebeneffekt: Du lernst ganz nebenbei ein bisschen Pressearbeit.

301

OPEN-STAGE-VERANSTALTUNG

Von Indie-Rock bis Comedy, vom Selbstgeschriebenen bis zum Improtheater: Auf einer Open-Stage-Bühne erlebst du so Einiges, denn bei den allermeisten Events dieser Art dürfen alle, die wollen, ihr Talent präsentieren. Garantiert ist dir ein unvergesslicher und abwechslungsreicher Abend, an dem du im Nu deinen Alltagsstress hinter dir lassen kannst. Und wer weiß? Vielleicht gehörst du auch zu den Glücklichen, die einen Star von morgen bei seinen ersten Bühnenerfahrungen erleben dürfen.

302

SOZIALES VOLUNTEERING

Ohne freiwillige Hilfe geht meist gar nichts, sei es in der Arbeit mit Geflüchteten, in Altersheimen, Hospizen, bei der Obdachlosenhilfe oder bei der Lebensmittelvergabe an Bedürftige. Selbst in vielen Grundschulen werden in der Nachmittagsbetreuung Freiwillige zum Vorlesen gesucht.

Du siehst: Die Möglichkeiten sind vielfältig und es lohnt sich nicht nur für die Gesellschaft und die Organisationen, denen du deine Hilfe und Unterstützung zukommen lässt. Es lohnt sich vor allem auch für dich.

Nichts ist so sinnstiftend, wie die Welt ein kleines bisschen besser zu machen, aktiv zu gestalten, kleine Dinge zu bewegen und nachhaltig zu verändern. Darüber verblassen Alltagssorgen und Stress, denn in der Relation wirken sie oft klein und unbedeutend. Im Internet findest du sicher auch in deiner Stadt vielfältige Möglichkeiten dich einzubringen und deinen Blickwinkel zu erweitern.

303

GOOD VIBES IM TREPPENHAUS

Ein gutes Nachbarschaftsklima hebt die Stimmung und macht aus deinem Haus (noch mehr) einen Ort, an dem du dich wohl, sicher und aufgehoben fühlst.

Einwände wie: „Ich kenne die Nachbarn doch gar nicht" oder: „Die neuen Mieter haben sich noch nicht mal vorgestellt" gelten nicht. Unternimm den ersten Schritt und sprich deine Nachbarn bei der nächsten zufälligen Begegnung im Treppenhaus oder am Briefkasten einfach mal an. Du wirst sehen: Eigentlich freuen sich alle darüber – und auch dir verschafft das Gespräch ein kleines Päuschen in der analogen Welt. Schöner Nebeneffekt: Wenn du nächstes Mal an einem Sonntag beim Kuchenbacken feststellst, dass der Zucker nicht reicht oder ein Ei fehlt, weißt du, dass die Rettung nur einen Treppenabschnitt weiter auf dich wartet.

304

FAMILIENTREFFEN ORGANISIEREN

Der Unterschied zwischen Familie und Freunden? Erstere kann man sich nicht aussuchen … aber vielleicht kennen lernen! Oder kennst du schon die Cousine zweiten Grades mütterlicherseits? Mach dich auf Ahnenforschung und versuche, auch ein paar entferntere Verwandte auszukundschaften. Der nächste Schritt ist dann die Organisation eines Familientreffens.

Mute dir nicht zu viel zu, lass es langsam angehen und vor allen Dingen: Verabschiede dich von irgendwelchen Perfektionsansprüchen an dich selbst. Du tust das nicht für die anderen, sondern in erster Linie für dich. Und bei der Recherche, der Kontaktaufnahme, Organisation und schließlich dem Familientreffen selbst wirst du vermutlich so viel Neues erleben und erfahren, dass du aus deinem Alltag komplett herauskatapultiert wirst.

305

DEBATTIERCLUB BEITRETEN

Einfach, aber wirkungsvoll: Such dir einen Debattierclub in deiner Nähe, überwinde deine Redeangst und verbessere deinen Auftritt und deine Rhetorik, während du vom Alltagsstress komplett abschaltest. Nur Mut!

Es gibt keinen Debattierclub in deiner Nähe? Vielleicht haben ja deine Freunde und Freundinnen Lust an einem monatlichen Treffen zu einem bestimmten Thema!

306

MÄDELSABEND ODER TREFFEN MIT DEN BEST BUDDYS

Klar, schnacken am Telefon ist super und chatten im Internet ist auch ok – viel mehr Spaß hast du aber bei einem echten Treffen in der realen Welt – zum Beispiel in deinem Wohnzimmer. Worauf wartest du noch? Schick deine Einladungen raus, stell gute Musik bereit und schon mal den Sekt kalt.

Wichtig: Mach dir keinen zusätzlichen Stress mit Essensvorbereitung – außer, du hast wirklich Spaß daran. Ansonsten kann jeder und jede etwas zum Snacken für den Abend beisteuern.

307

BOARDGAME CAFE

Wo lässt es sich noch besser abschalten, als beim Spielen in den eigenen vier Wänden? Klare Antwort: Beim Spielen in einem Boardgame-Café. Diese Brettspiel-Cafés gibt es in immer mehr Städten. Für Besucher:innen liegt eine riesige Auswahl an Brettspielen bereit – und während es in Deutschland in vielen Cafés sonst auch gerne mal darum geht, nach dem Getränk baldmöglichst den Platz zu räumen, ist es im Boardgame-Café sogar gewünscht, in Ruhe eine Partie in gemütlicher Café-Atmosphäre zu spielen.

308

STRASSENFEST ORGANISIEREN

Schluss mit der Anonymität! Mach deine Straße zu deiner Hood und initiiere ein Straßenfest, bei dem sich die Nachbarschaft friedlich und ungezwungen kennenlernen kann. Werfe Postkarten mit deiner Idee in die Briefkästen der Nachbarschaft und treff dich mit allen Interessierten in einem Café in der Nähe. Dort kann alles weitere besprochen werden und vor allen Dingen geklärt werden, wo das Fest stattfinden kann. Findet es in einem Hinterhof statt, muss niemand, außer den Anwohnenden informiert werden. Soll es auf der Straße stattfinden, muss die Kommune informiert werden.

Alles andere ist völlig frei und eurem Gusto überlassen. Kleiner Tipp: Fangt klein an. Organisiert ein paar Tische, Bierbänke und Menschen, die etwas mitbringen. Eine Kasse, in der eine freiwillige Spende eingeworfen kann, sollte auch nicht fehlen – und dann bleibt nur zu hoffen, dass das Wetter hält.

Nicht nur beim Fest, auch schon bei der Organisation und dem Kennenlernen anderer tauchst du in eine neue Welt ein und erlebst ein unvergessliches Ereignis, das dich und deine Nachbarschaft auf eine ganz neue und sehr schöne Art näher zusammenrücken lässt.

309

JAAAAAA !

Bei einer Sportveranstaltung kann man seinen Emotionen freien Lauf lassen und allen Ballast, der einem auf der Seele liegt, ein paar Stunden lang vergessen. Sozusagen eine Schreitherapie kombiniert mit Spannung, Spaß und Spiel. Leichtathletik, Basketball, Eishockey oder Fußball – für welche Sportart schlägt dein Herz am meisten?

Informiere dich über die nächsten Events und Spiele in deiner Nähe. Und beachte: Es müssen gar nicht immer die ganz großen Wettkämpfe sein. Mitfiebern, anfeuern und jubeln kann man auch ganz wunderbar beim Regionalverein deiner Wahl. Probier es aus!

310

BOOTCAMP & CO.

Als während des Lockdowns der Besuch von Fitnessstudios und Vereinen nicht oder nur sehr eingeschränkt möglich war, begann die große Zeit der Sportgruppen unter freiem Himmel. Und was bei vielen erst als Notlösung angedacht war, entpuppte sich schon bald als die angenehmste Art, Sport in Gesellschaft auszuüben. Im Gegensatz zu Studios gibt es natürlich keine Umkleiden und auch keine Duschen – auf der anderen Seite locken frische Luft, eine bunte Mischung bei den Teilnehmenden, in der Regel günstigere Preise als im Fitnessstudio und immer wieder neue Eindrücke durch Menschen, die vorbeiflanieren und mal den ein oder anderen neugierigen Blick riskieren.

Mach dich im Internet über Angebote in deiner Nähe schlau und belege einfach mal eine Schnupperstunde. Bei der Vielzahl der Anbieter:innen ist sicher auch etwas für dich dabei. Abschalten, neue Leute kennenlernen und etwas für Fitness und Gesundheit tun inklusive.

311

KAFFEEKLATSCH

Wie wäre es mit einem klassischen Kaffeekränzchen? Zugegeben, das hört sich vielleicht erst einmal ein wenig angestaubt an, besonders, wenn man bedenkt, dass es früher kaum eine andere Möglichkeit für Frauen gab, sich zu treffen und auszutauschen – gerne in Kombination mit gemeinsamer Handarbeit.

Doch die Zeiten haben sich bekanntlich geändert: Gerade in einer schnelllebigen Zeit, in der für viele ein hastiger Coffee to Go zum Alltag gehört, ist ein Wiederaufleben des Kaffeekränzchens eine absolute Empfehlung, um in kleiner, feiner Runde einfach mal abzuschalten, kleine und größere Sorgen zu besprechen, Unterstützung zu erfahren, herzhaft zu lachen und dabei auch noch ein leckeres Stück Kuchen zu essen.

Damit aus deinem Kaffeekränzchen keine Nachmittagsparty wird, beachte einfach folgende Regeln:

- Lade nicht mehr Gäste ein, als Stühle um deinen Tisch passen.

- Lade auch nur so viele Menschen ein, dass ein Kuchen locker ausreicht.

- Begrenze von Anfang an die Zeit auf 1–2 Stunden.

312

KNEIPENKICKER-TURNIER

Ach, was waren das für herrliche Zeiten, als man sonntags nach dem Aufwachen zum gemütlichen Frühstück ins Café ging und danach eine Runde am Tischfußball kickerte. Aber warum in der Vergangenheit schwelgen, wenn man es auch einfach tun kann? Und ganz besonders viel Spaß hat man bei einem Kneipenkicker-Turnier.

Trommle deine Freundinnen und Freunde zusammen und macht euch einen super Sonntag in eurer Lieblingskneipe mit Tischfußball.

ABSCHALTEN MIT KIND UND KEGEL

IDEEN FÜR UNVERGESSLICHE GEMEINSAME MOMENTE

Gerade in stressigen Zeiten kommt gemeinsame Zeit mit der Familie oft zu kurz – dabei können gemeinsame Erlebnisse der Schlüssel dafür sein, herausfordernde Zeiten viel besser und leichter zu überstehen. Kinder brauchen einen schließlich GANZ, nicht halb. Quälende Gedanken, Stress und Frust haben da einfach keinen Platz mehr. Und während wir mit Kindern wunderbar abschalten, in ihre Gedankenwelt und Phantasie eintauchen und die Welt wieder mit kindlichen Augen betrachten, schaffen wir Erinnerungen, an die wir noch lange glücklich denken können.

313

EIN FEST PLANEN

Es fehlen Lichtblicke im Alltagseinerlei? Dann wird es Zeit, aktiv zu werden. Plant alle zusammen ein großes Fest und überlegt, womit ihr Freunde, Freundinnen und Familie überraschen und verwöhnen wollt. Einigt euch als Erstes auf ein Motto oder Thema, zum Beispiel auf einen Länderschwerpunkt, ein Film- oder Farbmotto. Ebenfalls enorm wichtig – das Essen: Macht alle zusammen ein Brainstorming, studiert Rezepte, stöbert im Netz nach allem, was zu eurem Partythema passt. Dann solltet ihr euch noch Gedanken über die musikalische Begleitung des Events, die Gästeliste sowie Deko und Einladungskarten machen. Am besten verteilt ihr die Aufgaben nach Neigungen und Fähigkeiten in der Familie: Kindern macht es vor allem Spaß, Deko und Einladungskarten zu basteln, während Teenager sich eher als Musik- oder Technikbeauftrage sehen oder in der Küche aktiv werden. Wenn alle mit Elan bei der Sache sind, lässt sich an einem Nachmittag ein tolles Fest planen. Und bekanntermaßen ist ja der Weg das Ziel.

314

BASTELNACHMITTAG MIT LITERARISCHER BEGLEITUNG

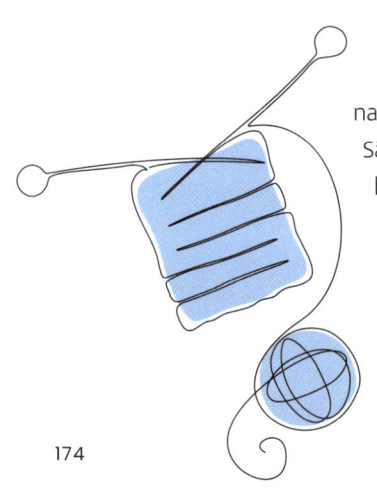

Auf lange Sicht nichts als Schneeregen und graue Wolken und ihr seid mit schlechter Laune ans Haus gefesselt? Da hilft nur noch ein ausgiebiger Bastelnachmittag. Jeder macht das, worauf er Lust hat – egal ob Stricken, Häkeln, Nähen, Sägen oder Basteln, alles geht. Richtet dann gemeinsam eure Bastelstationen her, sucht ein passendes Hörbuch aus und legt los. Falls jemand gar keine Lust hat, etwas mit den Händen zu tun: Eine Person kann auch das Hörbuch ersetzen und dem Rest der Mannschaft etwas vorlesen.

315

ANZIEHEN OHNE DAUMEN

Sich alleine anzuziehen gehört nicht gerade zu den kindlichen Superskills. Wenn es dann auch noch schnell gehen soll, ist die Stimmung bald im Keller. Da hilft nur eins: Wettanziehen ohne Daumen. Konkurrenz belebt schließlich das Geschäft, und du wirst dich wundern, welches Tempo kleine Morgenmuffel plötzlich an den Tag legen können. Alles ist erlaubt, solange die Daumen fest an die Handinnenflächen gelegt bleiben.

316

DER BODEN IST LAVA

Macht das Wohnzimmer zum Abenteuerspielplatz. Einzige Bedingung: Ihr dürft den Boden nicht berühren. So spektakulär wie im gleichnamigen TV-Format wird es vermutlich nicht zugehen, aber es macht einen Riesenspaß, mal nicht auf dem Sofa abzuhängen, sondern es als Start für eine Kletterpartie über Tische, Bänke und Stühle zu nutzen! Gefährliche Kanten, wackelige Möbel und Stolpersteine müsst ihr natürlich vor dem Abenteuer sichern, wegräumen oder zur Tabu-Zone erklären. Viel Spaß!

317

WÜRDEST DU EHER ...

... für immer mit einer zu kleinen Hose oder zu großen Schuhen herumlaufen wollen? Eine Spinne oder eine Schlange für 10 Minuten auf deinem Gesicht sitzen haben wollen? Eine Giraffe oder einen Elefanten als einziges Transportmittel nutzen können? Für immer auf Nudeln oder Pommes frites verzichten? Fragen über Fragen. Dieses Entscheidungsspiel ist toll, wenn auf langen Zug- oder Autofahrten Langeweile aufkommt. Nach festen Regeln muss man es gar nicht spielen. Jeder, dem eine gute Frage einfällt, darf sie einfach stellen. Und es macht genauso viel Spaß, sich die Fragen auszudenken wie sie zu beantworten. Macht euch auf Überraschungen gefasst!

318

MORD IM HOTEL

Dieses Spiel kann man prima mit Erwachsenen und Kindern spielen, zu sechst oder siebt sollte man allerdings schon sein. Die Spielregeln sind einfach: Als Erstes wird ein:e Detektiv:in ausgewählt. Während diese Person vor die Tür muss, einigen sich die restlichen Spielerinnen und Spieler wer der oder die Täter:in ist. Außerdem denken sich alle ein gutes Alibi aus.

Der Detektiv wird hereingerufen und hört sich jedes Alibi an. Dann muss der Detektiv ein zweites Mal vor die Tür, wird dann wieder hereingerufen und hört sich erneut die Alibis an. Alle Alibis sind identisch zur ersten Version, bis auf das des Täters oder der Täterin. Hier wird ein Detail verändert. Wenn der Detektiv den Täter ermitteln kann, hat der Detektiv gewonnen, wenn nicht, geht der Punkt an die andere Person.

Besonders kurzweilig ist an diesem Spiel, sich glaubwürdige und auch mal verrückte Alibis auszudenken und der ermittelnden Person den Fehler in der zweiten Befragung geschickt unterzujubeln, ohne zu lachen.

319

URLAUBSZIELE RECHERCHIEREN

Das Fernweh ist groß, die Ferienzeit noch meilenweit entfernt, das Reiseziel noch immer nicht klar? Dann macht doch aus der Wahl eurer Destination einen kleinen Wettbewerb. Dazu trägt jedes Familienmitglied Infos zu seinem Wunschziel zusammen. Das können Fakten über das Reiseland sein, Infos zum Freizeitangebot vor Ort, Vorschläge für eine tolle Reiseroute – der Weg ist das Ziel! Auch Filme, Romane oder Kinderbücher, die mit dem angestrebten Ort zu tun haben, oder spannende Tierdokus und Reiseberichte können, neben einem Exkurs in die Landesküche, entscheidend zur Zielfindung beitragen. Wenn alle bereit sind – am besten setzt ihr euch zu Beginn der Recherchen eine Deadline –, stellt ihr der restlichen Familie nacheinander vor, was ihr rausgefunden und recherchiert habt, und stimmt am Ende über euer Traumziel ab. Auch wenn euer Weg euch letztlich nicht dorthin führen wird, werdet ihr nachher sicher besser wissen, was welchem Familienmitglied im Urlaub besonders wichtig ist. Gute Reise!

320

ABSCHALTEN IN DER JUGENDHERBERGE

Manchmal muss man raus aus den eigenen vier Wänden und die Welt aus einer neuen Perspektive betrachten, um wieder Energie für den Alltag zu haben. Klar, mit der ganzen Familie ist ein Kurztrip am Wochenende natürlich auch eine finanzielle Frage. Studiere doch einfach mal die Familienangebote von Jugendherbergen in deiner liebsten Reiseregion. Die für Familien vorgesehenen Zimmer oder Wohnungen sind meist recht komfortabel, das Jugendherbergsessen deutlich besser als sein Ruf und – großer Pluspunkt – ihr werdet sicher nicht die einzige Familie mit Kindern sein. Gönnt euch eine kleine Auszeit vom Hamsterrad Familienalltag.

HAUSEIGENE EISDIELE

Der Besuch im Eiscafé ist ein zuverlässiger Stimmungsaufheller, aber mit vier eishungrigen Personen nicht gerade ein günstiges Vergnügen. Warum holt ihr euch die Eisdiele also nicht einfach ins Haus? Mit ein bisschen Unterstützung bekommen Kinder es locker hin, die tollsten Eisbecher zu zaubern. Wenn sie dann noch ein paar Eiskarten mit den geplanten Spezialitäten malen, Servietten bereitlegen und den Service übernehmen, ist die kleine Auszeit perfekt. Und nicht nur im Sommer ist die hauseigene Eisdiele eine tolle Auszeit. In trüben Wintermonaten könnt ihr euch damit in die Sommerferien beamen.

321

NUR NOCH NICECREAM

Was ist gesund, deutlich kalorienärmer als normales Eis, spielend leicht hergestellt und dabei unglaublich lecker? Nicecream heißt das Zauberwort. Für vier Portionen brauchst du etwa acht reife Bananen und 100 g Pflanzenjoghurt. Die Bananen schälen, in Scheiben schneiden und im Gefrierbeutel mindestens fünf Stunden einfrieren. Dann aus dem Gefrierfach nehmen, etwas antauen lassen und zusammen mit dem Joghurt pürieren. Fertig. Wer will, kombiniert mit Tiefkühlbeeren oder anderem angefrorenen Obststücken.

322

BOMBEN–BANANENSPLIT

Ein echter Klassiker, noch dazu schnell gemacht: Pro Portion braucht ihr eine reife Banane, Schokoladen- und Vanilleeis, Schokoladensauce und Sahne. Die Banane der Länge nach halbieren und auf einem passenden Teller anrichten, daneben kommen zwei bis drei Kugeln Vanille- und/oder Schokoladeneis, obendrauf ein paar Kleckser geschlagene Sahne und schließlich die Schokoladensauce. Kindern schmecken ein paar bunte Streusel dazu gut, Erwachsene schätzen eher geröstete Mandelblättchen.

323

SUPER SORBET

Euch ist nach erfrischendem Sorbet zumute? Kein Problem. Ihr braucht nur drei Zutaten: Wasser, Zucker und Obst. Und das zu gleichen Teilen. Das Wasser und den Zucker köchelt ihr so lange, bis der Zucker sich vollständig aufgelöst hat und ein Sirup entstanden ist. Dann püriert ihr Obst eurer Wahl (gut eignen sich zum Beispiel Erdbeeren, Himbeeren, entsteinte Kirschen, Mango oder Ananas) mit dem erkalteten Sirup und gebt die dickflüssige Masse in ein flaches Gefäß. Das stellt ihr dann in den Gefrierschrank. Rührt das Sorbet alle 45 Minuten kräftig durch, damit es nicht zu hart wird. Nach vier bis sechs Stunden ist das Sorbet fertig.

324

SPITZEN-SPAGHETTIEIS

An Spaghettieis kommt man einfach nicht vorbei. Gut, dass man es ganz leicht selber machen kann. Für sechs Portionen (vielleicht kommen ja noch Bekannte vorbei …) braucht ihr:

- 300 g Erdbeeren (TK-Ware ist auch in Ordnung)
- 2 EL Zucker
- 1 TL Zitronensaft
- 200 g Sahne
- 400 g Vanilleeis
- 50 g weiße Schokolade

Als Erstes die Spaghettipresse (Kartoffel- oder Spätzlepresse, zur Not bei den Nachbarn ausleihen) und Teller ins Eisfach legen. Dann die Erdbeeren waschen, putzen und mit dem Zucker und dem Zitronensaft pürieren. Die Sahne schlagen und Presse, Teller und Eis aus dem Gefrierschrank holen. Zwei Esslöffel Schlagsahne auf jeden Teller geben, jeweils 2–3 Esslöffel Vanilleeis als Spaghetti daraufpressen und die Erdbeersauce darüber verteilen. Jetzt noch etwas geriebene weiße Schokolade als Parmesan über das Eis streuen. Fertig.

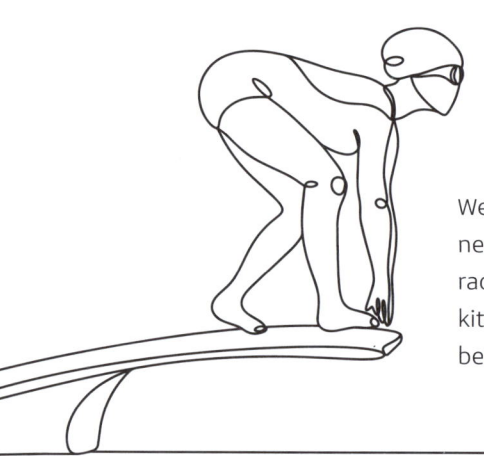

325

BADETAG

Wenn die ganze Familie abgekämpft oder genervt ist, wirkt ein Tag in einem Schwimmbad wahre Wunder: Eigentlich finden alle dort, was sie gerade brauchen – Entspannung bei ein paar Bahnen Rückenlage, Nervenkitzel beim Rutschen, Auspowern beim Beachvolleyball, Bewunderung beim Sprung vom 5-Meter-Turm. Und Pommes für alle gibt's obendrein!

326

ZOOBESUCH

In den letzten Jahren haben viele Zoos eine Menge für ihr Image getan und die Lebensbedingungen für die Tiere massiv verbessert, sodass man mit gutem Gewissen durch die unterschiedlichen Bereiche schlendern und über die heimische und exotische Tierwelt staunen kann. Weiteres Plus: Viele Zoos haben tolle Kinderspielplätze mit Attraktionen, die man nicht überall findet. Kleiner Tipp: Macht euch im Vorfeld über die Fütterungszeiten schlau, damit ihr diese besonderen Erlebnisse nicht verpasst.

327

BUNGEERUN

Das Spiel für Kinder und Erwachsene mit Energieüberschuss!

Besorgt euch im Fahrradladen ein paar alte Fahrradschläuche und knotet sie aneinander. Befestigt eure Gummileine an einem stabilen Baum und bindet sie dann dem/der ersten Kandidatin um den Bauch. Nun muss er oder sie versuchen, einen Stock so weit wie möglich vom Baum entfernt abzulegen – nicht zu werfen! Gewonnen hat, wer den Ast am weitesten vom Baum entfernt platzieren kann.

328

LUFTGITARRENWETTBEWERB

Irgendwas muss dran sein am Luftgitarrespielen – schließlich gibt es sogar Weltmeisterschaften für „Air Guitar". Die Teilnehmenden geben an, dass es vor allem Spaß macht. Und genau den braucht man dringend, wenn das Leben einen gerade überrollt. Vielleicht katapultiert euch ja ein innerfamiliärer Luftgitarren-Contest in ein Stimmungshoch? Besonders lustig wird's, wenn man sich für seine Performance auch noch einen Bühnennamen ausdenkt. Die Deutsche Aline Westphal zum Beispiel wurde 2011 unter dem Namen The Devil's Niece weltbeste Luftgitarrenspielerin. Ihr könnt auch eine ganze Air-Band aufmachen – mit Air-Drummer:in, -Sänger:in und -Bassistin. Bühne frei!

329

ABC-GESPRÄCH

Quatschen, aber mit System. Das ABC-Gespräch ist eine sehr lustige Möglichkeit, mal ein Familiengespräch der anderen Art zu spielen. Die Regeln sind einfach: Es unterhalten sich mindestens zwei Personen. Die erste beginnt einen Satz mit A, die andere antwortet mit einem Satz mit B am Anfang, der Folgesatz wiederum muss mit einem C beginnen. So kommt ihr garantiert auf Themen, die schon lange oder sogar noch nie vorkamen. Viel Spaß!

330

TWISTER

Draußen regnet's, Bildschirmzeit ist um und die Laune nähert sich bei allen Familienmitgliedern dem Nullpunkt? Dann ist der Moment gekommen, die Twistermatte auszurollen. Kinder lieben das Spiel besonders, da sie ziemlich realistische Chancen haben, gegen die Großen zu gewinnen. Für die Positionen, die die Drehscheibe für Hände und Füße vorgibt, sind reichlich Körperbeherrschung und Gelenkigkeit gefragt, und die sind bei Kindern für gewöhnlich deutlich besser als bei Erwachsenen. Falls ihr keine Twistermatte im Haus habt: Die (im Übrigen recht kleine) Investition lohnt sich.

331

MODENSCHAU

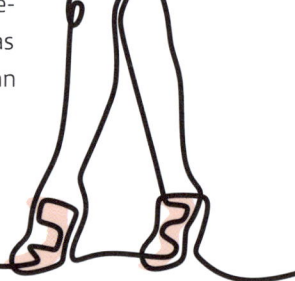

Alles ist furchtbar langweilig und niemand hat Zeit zum Spielen? Da hilft nur eins: Macht eine Modenschau. Überlegt euch ein Motto – zum Beispiel „Ein Wintertag in Paris", „Regenguss in der Krachmacherstraße", „In 80 Tagen um die Welt" – euch fällt bestimmt was Tolles ein … Stellt euch dann Outfits zusammen, auch das Make-up sollte sitzen und dann geht's raus auf den Catwalk. Fotos machen nicht vergessen!

332

DRACHEN STEIGEN LASSEN

Es ist windig draußen und kalt ist es auch. Die Stimmung könnte besser sein? Dann geht auf eine freie Wiese und lasst einfach mal wieder einen Drachen steigen. Macht super viel Spaß, kostet fast nichts und die frische Luft sorgt für rote Bäckchen!

333

JA-SAGER-TAG

Ist dir schon mal aufgefallen, wie oft man auf Fragen der Kinder mit Nein antwortet? Mal, weil es nicht anders geht, mal einfach, weil man es kann. Für alle eher anstrengend. Wie wäre es zur Abwechslung einmal mit einem Yes-Day? Sucht euch zusammen einen Tag aus, an dem du alle Anfragen mit Ja beantwortest. Allerdings solltet ihr vorher ein paar Ausnahmen vereinbaren.

Es hat sich als sinnvoll erwiesen, alle Aktivitäten auszuschließen, für die man länger als eine Stunde Autofahren muss, und es werden weder Haare gefärbt noch abrasiert, es wird nichts gekauft, das mehr als 25 Euro kostet, und Dinge, bei denen sich jemand verletzen könnte, sind ausgeschlossen. Lass dich auf das Experiment ein: Du kannst davon ausgehen, dass ihr einen sehr vergnüglichen Tag in bester Stimmung verbringen werdet. Meistens wollen die Kinder gar nicht so verrückte Sachen machen, sondern in aller Harmonie einen Tag mit ihren Eltern verbringen.

Übrigens: Zu diesem Familienselbstversuch gibt es auch das passende Kinderbuch, *Yes Day* von Tom Lichtenheld und Amy Krouse, das wiederum als Vorlage für den Film gleichen Titels mit Jennifer Garner diente.

334

PAPIERFLIEGER-CHALLENGE

Ob Schwalbe, Düse oder Segler: Papierflieger falten macht einfach Spaß. Anleitungen für die unterschiedlichen Modelle findet ihr zuhauf im Internet und wer am exaktesten faltet, dessen Flieger hat Aussicht auf die längste Flugdistanz. Diese wird natürlich nach dem Falten im Wohnzimmer ermittelt.

335

ROLLENTAUSCH

Eltern sein ist anstrengend. Was spricht also gegen einen kleinen Rollentausch, der allen Spaß macht? Überlasst euren Kindern einen Tag lang die Verantwortung fürs Familienleben: von der Zubereitung der Mahlzeiten (es darf durchaus auch ein Pizzabeschluss gefasst werden) bis zur Freizeitgestaltung. Ein schöner Nebeneffekt: der Mittagsschlaf!

336

MINIGOLF

Retro-Feeling für kleines Geld: Ein toller Freizeitspaß für die ganze Familie ist ein Besuch auf der Minigolfbahn. Jede:r kann sofort losspielen und Vorkenntnisse sind nicht erforderlich. Meist liegen die Anlagen schön gelegen im Grünen, zudem fördert Minigolf die Hand-Augen-Koordination. In vielen Städten gibt es auch Indoor-Möglichkeiten oder sogar Schwarzlicht-Mini-Golf.

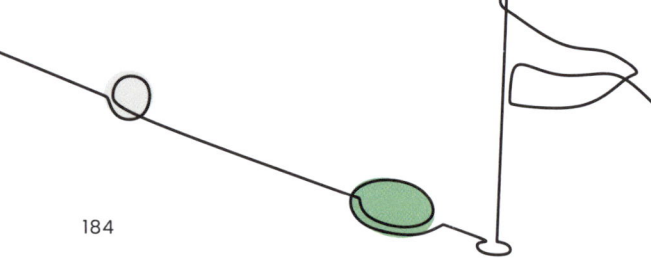

337

EINE RUHIGE KUGEL SCHIEBEN

Man kennt die Bilder aus Frankreich – eine Gruppe Menschen aller Altersklassen spielt im Schatten einer großen Platane auf dem Dorfplatz Pétanque, wie das Kugelspiel im Süden Frankreichs heißt. Alle wirken gut gelaunt, plaudern und besprechen den letzten Wurf. Entspannter geht es eigentlich nicht. Probiert das doch selbst einmal mit der ganzen Familie aus: Bouleplätze gibt es inzwischen ja auch in Deutschland reichlich.

Die Grundregeln sind einfach: Gespielt wird in zwei Mannschaften. Um zu werfen, stellt man sich in den Abwurfkreis, und den darf man erst wieder verlassen, wenn die geworfene Kugel auf dem Boden gelandet ist. Ziel des Spiels ist es, die eigenen Kugeln möglichst nah an der Zielkugel (auf Französisch *cochonnet* – Schweinchen) zu platzieren. Am Ende einer Runde zählt jede Kugel einen Punkt, die näher zum Schweinchen liegt als die beste der gegnerischen Mannschaft. Gespielt wird bis 13 Punkte.

338

ESST, WIE ES EUCH GEFÄLLT

Ist das leidige Thema Tischmanieren bei euch auch immer wieder ein Stimmungskiller? Ein guter Kompromiss kann da die Einführung des Kleckersamstags sein: An dem Tag kann jede:r essen, wie er oder sie will – nur mit dem Löffel, mit einer Hand unter dem Tisch oder mit aufgestütztem Kopf. Einzige Bedingungen – die Füße bleiben unter dem Tisch und es wird nicht mit dem Essen geworfen oder gespielt. Guten Appetit!

339

HANDGEMENGE

Gerade wenn der Stress groß ist, muss man manchmal kurzfristig überschüssige Energie loswerden – das gilt für alle Altersklassen. Wie wäre es in so einer Situation mit einer Runde Armdrücken im Familienkreis? Und keine Angst: Hier spielt nicht nur Kraft eine Rolle, sondern auch mentale Stärke. Außerdem ist das Ganze auch noch ein gutes Training für fast alle Muskelgruppen im Oberkörper, insbesondere die Schultern, den Bizeps und die Unterarme. Das macht den Oberkörper stark und verbessert die Haltung.

Falls ihr keine Lust auf den Einsatz des ganzen Armes habt, könnt ihr auch auf einen Klassiker aus Bayern zurückgreifen, das Fingerhakeln. Dabei sitzen sich die Gegner wie beim Armdrücken gegenüber, und mit einer Schnur wird die Mitte des Tisches markiert. Dann haken die Kontrahent*innen ihre Zeigefinger ineinander und versuchen, sich gegenseitig „über den Tisch zu ziehen" – die Redewendung kommt übrigens tatsächlich von dem Spiel. Mit der anderen Hand darf man sich auf der Tischkante abstützen. Verloren hat, wer aufgibt, seinen Zeigefinger löst oder dessen Hand bis zur gegenüberliegenden Tischkante gezogen wird. Vereinbart aber auf jeden Fall, dass das Spiel sofort abgebrochen wird, wenn eine Person „Stopp" ruft.

340

AUSFLUG ZUR GRILLHÜTTE

Manchmal ist eben nicht der Weg das Ziel, sondern das Ziel. Dass Kinder sich leichter zum Wandern und sonstigen Aktivitäten in der Natur bewegen lassen, wenn am Ende eine Belohnung winkt, ist ja kein Geheimnis. Wenn das auch noch ein Grillplatz am Wasser oder auf der Wiese ist, schmeißen sie sogar den Turbo an – und die Entspannung für euch als Erwachsene kann beginnen. In vielen Städten und Gemeinden gibt es frei zugängliche, rund um die Uhr geöffnete Grillplätze. Nähere Infos finden sich auf den Websites der Gemeinden oder der betreibenden Vereine. Und wenn ihr nicht gerade eine Tageswanderung durch glühende Mittagshitze macht, halten sich Grillwürstchen, Gemüse und mehr locker in einer Kühltasche im Rucksack. Und einer muss natürlich die Grillkohle tragen ...

341

STRANDOLYMPIADE

Lange hat man sich auf den Urlaub gefreut, dann ist er da und pünktlich rappelts im Karton. Kommt dir bekannt vor? Gute Laune bekommt ihr in jedem Fall bei einer Strandolympiade – Abschalten inklusive. Hier ein paar Disziplinen zur Anregung:

- **Einbuddel-Wettbewerb:** Gebuddelt wird Team gegen Team, besonders beliebt ist die Variante Kinder gegen Erwachsene. Die Regeln sind einfach: Eine Person legt sich in den Sand, der/die Teampartner:in buddelt sie so schnell wie möglich ein. Gewonnen hat das Team, das als Erstes fertig ist. Das Siegerteam bekommt einen Punkt. Oder Eis. Und die zweiten Sieger ein Trosteis. Falls du keine Lust hast, dich einbuddeln zu lassen: Grabt um die Wette ein Loch. Wer nach fünf Minuten das tiefste Loch gebuddelt hat, gewinnt.

- **Algenweitwurf:** Wie's geht, dürfte klar sein. Achtet darauf, dass keine Unbeteiligten getroffen werden.

- **Wettlauf:** Wer rennt am schnellsten bis zum Wasser und zurück?

- **Weitsprung:** Wer hat die größte Sprungkraft?

- **Schubkarrenrennen:** Legt eine Strecke fest, auf der die Teams gegeneinander antreten.

- **Muschelwerfen:** Zeichnet vier Kreise in den Sand. In die muss man mit seinen Muscheln zielen. Ordnet jedem Kreis eine bestimmte Anzahl an Punkten zu. Dann zielt ihr mit selbst gesammelten Muscheln oder Steinchen von einem zuvor festgelegten Punkt aus auf die Kreise. Wer trifft am häufigsten in die Kreise und sammelt die meisten Punkte?

DAS BISSCHEN HAUSHALT ...

ORDNEN, DEKORIEREN UND DABEI WUNDERBAR ABSCHALTEN

Wenn einem alles über den Kopf zu wachsen droht, die To-do-Liste immer länger zu werden scheint und man so langsam den Wald vor lauter Bäumen nicht mehr sieht, lohnt sich ein Abschalten im Haushalt gleich in doppelter Hinsicht. Zum einen schalten wir während des Ordnens, Dekorierens, Renovierens und Entrümpelns ab, weil dies unsere ganze Aufmerksamkeit erfordert. Zum anderen legt sich aber auch die neu entstandene äußere Ordnung wie Balsam auf unser inneres Chaos. Abschalten mit Langzeit-Effekt sozusagen – das hört sich doch gut an, oder?

Lass dich von den Ideen dieses Kapitels inspirieren und probiere gleich die nächsten Tage das ein oder andere aus!

342

DIE GLÄSER STEHEN SCHLANGE

Du willst den Kopf freibekommen und denkst, dass ein großes Glas kühles Wasser dabei helfen könnte? Dann wäre es schön, wenn du dieses auch mit einem Griff aus dem Schrank holen könntest.

Sorge heute für eine kleine Auszeit und räume Tassen, Trink-, Wein- und Sektgläser aus, wische den Schrank aus und stelle alles zurück – in Reihen von hinten nach vorne. Damit ist jede Tasse und jedes Glas einer Art von vorne gut zu erreichen, du behältst den Überblick und hübscher sieht es auch aus, als wenn alles durcheinander ist.

343

SPIEGLEIN, SPIEGLEIN AN DER WAND

Spiegel reflektieren das Licht und machen Räume optisch größer, können also die Wahrnehmung eines Raumes positiv beeinflussen. Achte deshalb täglich darauf, dass die Spiegel deiner Wohnung weder Spritzer noch Putzstreifen aufweisen – nicht nur wenn Gäste kommen. Und wenn du dich beim Spiegelputzen anlächelst, bekommst du selbst direkt auch wieder gute Laune!

344

DIE ARBEITSFLÄCHE BLEIBT FREI

Für eine kleine Auszeit perfekt: Schau dir mal deine Arbeitsplatte in der Küche an. Und dann lass sie das sein, als was sie gedacht ist: eine Fläche zum Arbeiten, Schnippeln, Schälen und Ausrollen!

Vermeide es, zu viel auf der Arbeitsfläche abzustellen. Gewöhne dir stattdessen an, deine Arbeitsfläche nach getaner Arbeit immer freizuräumen und zu säubern. Deine Küche wirkt dadurch immer gleich aufgeräumt. Und du betrittst jedes Mal deine Küche mit einem guten Gefühl!

345

DIE STAUB-REGEL IM BAD

Lüfte heute deinen Kopf, indem du für frischen Wind in deiner privaten Wellness-Oase sorgst! Geh dabei nach einer einfachen Regel vor: Alles, was im Bad steht, wird auch ständig oder zumindest regelmäßig genutzt. Ist das nicht der Fall, gehört es nicht ins Bad. Solltest du also Verpackungen und Behältnisse mit Staub darauf entdecken, sind diese zum Rauswurf verurteilt. Unterziehe alle deine Utensilien rund um die Schönheitspflege einer gründlichen Prüfung. Alles, was du nicht wirklich regelmäßig gebrauchst, entsorgst du.

Wenn du nicht viel davon brauchst, kannst du Wimperntusche und Lippenstift in einer hübschen Schale vor dem Spiegel aufbewahren. Auch hier gilt die Staubregel: Was nicht durch regelmäßigen Gebrauch sauber bleibt, fliegt bei der nächsten Gelegenheit raus.

Wenn du über mehr Schminkutensilien verfügst, richtest du dir dafür am besten im Wandschrank ein Fach ein. Ist der Platz dort erschöpft, greifst du auf dekorative Schachteln für die Unterbringung zurück.

346

ERSTE HILFE FÜR DAS MEDIZINSCHRÄNKCHEN

Platzt auch dein Medizinschränkchen aus allen Nähten? Damit bist du nicht alleine. Es ist vielmehr ziemlich weit verbreitet, große Mengen an Medikamenten zu horten, um sich auf alle Eventualitäten vorzubereiten.

Räume heute dein Medizinschränkchen komplett aus und prüfe zuerst einmal das Haltbarkeitsdatum um festzustellen, ob das jeweilige Medikament überhaupt noch wirksam ist. Sortiere dann auch kleine Reste von Tabletten oder Salben aus einer früheren Behandlung aus. Wenn du krank bist, entscheidet besser ein Arzt oder Apotheker über die jeweilige Therapie, nicht die Reste, die du noch im Schränkchen findest. Bring abgelaufene und aussortierte Medikamente zurück in die Apotheke, entsorge Tabletten & Co. niemals über die Toilette.

Übrigens: Im Internet findest du Checklisten, was ein gut sortierter Medizinschrank enthalten sollte.

347

INVENTUR IN DER KÜCHE

Drei angebrochene Nudelpackungen – zwei davon in der Schublade und eine im Ausziehschrank. Dazu eine halb volle Kakaopackung, diverse Nüsse, aber leider nirgendwo mehr Dinkelmehl. Du kennst das Problem? Dann mach heute mal eine Küchen-Inventur. Was hast du? Was fehlt? Was kann man zusammenschmeißen, was in hübschen Gläsern aufbewahren?

Packungsreste in Gläsern aufzubewahren hat nicht nur den Vorteil, dass dadurch viel Platz gespart werden kann, die Lebensmittel sind luftdicht verpackt auch besser und hygienischer aufbewahrt, als in einer halb vollen Schachtel.

348

WEG MIT DEM FLECK

Setze heute etwas in die Tat um, was du schon lange getan haben möchtest: Überstreiche zum Beispiel diesen einen Fleck an der Küchenwand.

Eigentlich nervt er dich schon seit einem Jahr, aber dann guckst du doch lieber dran vorbei. Heute schnappst du dir einfach einen Pinsel und weiße Farbe und tust das, was du schon lange machen wolltest, ganz einfach und ganz schön wirkungsvoll!

349

FOTOBÜCHER ERSTELLEN

In Erinnerungen an schöne Tage schwelgen und gleichzeitig Chaos in der Schublade oder auf dem Rechner beseitigen – das hört sich doch gut an, oder?

Nimm dir eine Auszeit und sichte deine Fotos nach Jahren. Das ist eine gute und machbare Größenordnung. Fange am besten mit dem am weitesten zurückliegenden Jahr an – da fällt das Ausmisten am einfachsten. Doppelte Fotos, die sich nur in winzigen Details unterscheiden, fliegen als erstes raus, danach kommen die Schnappschüsse an die Reihe, die weder witzig sind noch irgendwie anders besonders. Sie sind Ballast und du kannst sie getrost entsorgen. Zurück bleiben Fotos, die bei dir Erinnerungen wecken und eine Saite zum Klingen bringen. Im nächsten Schritt kannst du dann aus diesen Fotos Fotobücher erstellen – und dabei wunderbar abschalten!

350

ZEITMANAGEMENT

Oft entsteht Chaos im Kopf, weil wir vor lauter Aufgaben keinen Durchblick mehr haben, was eigentlich als nächstes getan werden muss und bis wann das erledigt sein sollte. Hier helfen Zeitpläne, um Ruhe, Struktur und Ordnung ins belastende Durcheinander zu bringen.

Und keine Sorge: Du brauchst dafür auch keine umfangreiche Excel-Tabelle. Überlege vielmehr in Ruhe, was alles ansteht, in welchen Schritten du vorgehen möchtest und plane von Anfang an genügend Zeit und auch Pufferstunden oder -tage ein. Es gibt ein gutes Gefühl, im Zeitplan zu sein oder vielleicht sogar ein wenig „vorgearbeitet" zu haben. Vor allem aber kann man nach seinem Arbeitstag viel besser abschalten und in den Feierabendmodus switchen.

351

KÜCHE AUSMISTEN

Für eine größere Auszeit: Schau dir alle deine Küchengeräte, dein Besteck und dein Geschirr an. Für eine Vorgehensweise helfen dir zwei Regeln:

Regel Nr. 1: Was nicht oder nur selten benutzt wird, fliegt raus. Richte dich dabei nach deinen eigenen Vorlieben und den alltäglichen Erfordernissen. Ob du deinen Eierkocher behältst oder seinen Platz im Schrank in Zukunft für etwas anderes nutzt, liegt einzig und allein daran, wie gerne und oft du gekochte Eier isst. Das Gleiche gilt für Spezialgeräte wie Waffeleisen, Fritteuse, Wok, Spargelkochtopf, Reiskocher und vieles mehr.

Regel Nr. 2: Alle Dinge müssen gut zugänglich sein. Achte darauf, dass alle Geräte, die du gerne und oft benutzt, einen eigenen Platz finden, egal, wie sperrig sie auch sind. Sie haben es verdient – schließlich sind sie deine treuen Helfer in der Küche.

352

ALLES IM BLICK

Mit ein paar kleinen Regeln sorgst du direkt für mehr Klarheit und Struktur. Um abschalten zu können, sind sie wirklich Gold wert!

Regel Nr. 1: Rechnungen sofort bezahlen. Ohne Umschweife und ohne Ausnahmen. Lass es nicht zu Mahnungen kommen. Das schont deine Nerven und erspart der Gegenseite Arbeit.

Regel Nr. 2: Termine und Kontaktdaten immer an einem Ort notieren – sei es in einem Kalender, einem Büchlein oder im Handy. So sparst du Zeit und vermeidest, dass Termine kollidieren.

Regel Nr. 3: Wichtige Post bleibt maximal eine Woche auf dem Schreibtisch. Richte dir ein Körbchen für eingehende Post ein und schau es mindestens einmal in der Woche gründlich durch. Schaffe direkt weg, was erledigt werden muss, und lass nichts zu lange liegen.

353

SCHREIBTISCH AUFRÄUMEN

Ein kleiner Schritt für dich, ein großer für dein Wohlbefinden: Wenn es dir bei der Arbeit zu viel wird, wirkt es manchmal Wunder, den Schreibtisch aufzuräumen. Lege ab oder beiseite, was du für die nächste Aufgabe nicht brauchst, entferne benutztes Geschirr und wisch mit einem feuchten Tuch über die Arbeitsfläche. So schlägst du zwei Fliegen mit einer Klappe: Kopf und Arbeitsplatz sind wieder frei.

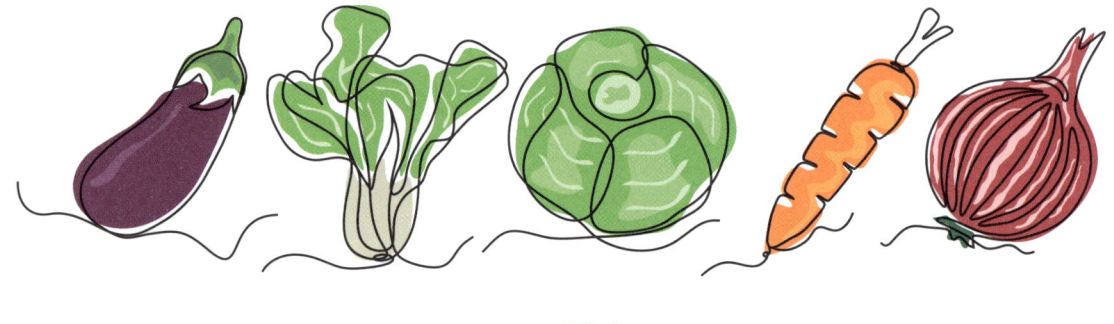

354

ESSEN MIT PLAN

Gut und gesund zu essen bedeutet nicht zwangsläufig, lange in der Küche stehen zu müssen. Was man dafür aber braucht ist Planung, besonders, wenn man durch andere Aufgaben und Verpflichtung stark eingebunden ist.

Schalte von deinem aktuellen Stress ab und überlege dir, was du nächste Woche essen könntest. Schraube die Ansprüche nicht zu hoch, sondern überlege dir wirklich einfache, schnelle und gesunde Gerichte mit viel Gemüse.

Was hast du schon vorrätig, was muss besorgt werden? Was lässt sich gut vorkochen und welche Arbeitsschritte kannst du zusammenlegen, indem du zum Beispiel mit einmal Kartoffelkochen gleich für mehrere Gerichte Kartoffeln garst. Mit einem solchen Plan tust du dir in mehrfacher Hinsicht etwas Gutes:

1. Du kannst bei der Planung wunderbar abschalten.

2. Du sparst Geld, weil du strukturiert einkaufst und nicht ständig irgendwas zu Essen holst.

3. Du ernährst dich gesund und versorgst deinen Körper mit guten Nährstoffen.

In Kochbüchern und auch im Internet findest du eine Vielzahl an schnellen Gerichten und auch viele Vorschläge, welche Arbeitsschritte man gut verbinden kann.

355

DIE SACHE MIT DEM LOSLASSEN

Das Loslassen von Dingen und das innere Loslassen gehen Hand in Hand. Denn nicht nur, was wir denken und fühlen kann uns beschweren, sondern auch, was wir besitzen.

Wem es schwer fällt, sich von alten Schätzchen zu trennen: Führe gebrauchte Kleidung, Küchengeräte und mehr einem guten Zweck zu – dann fällt der Abschied leichter. Bring nicht mehr gebrauchte Kleidung in Filialen von gemeinnützigen Organisationen. Diese verkaufen gut erhaltene Kleidung, Accessoires, Bücher und Haushaltsgegenstände für kleines Geld und verwenden den Erlös für wohltätige Zwecke.

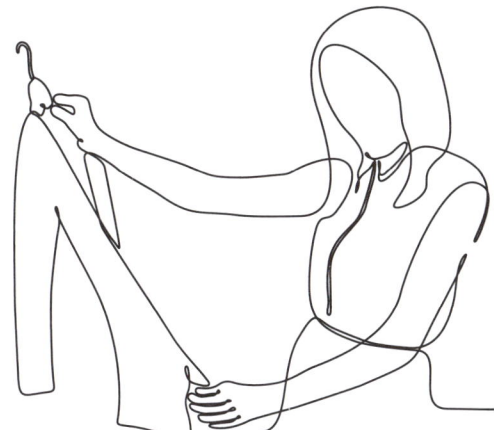

Die Freude über die geschaffenen Freiräume und die neu entstandene Übersichtlichkeit werden dich ermutigen, immer neue Bereiche deiner Wohnung anzugehen und zu entrümpeln. Und was bei der eigenen Wohnung anfängt, kann manchmal auch direkt in andere Lebensbereiche übertragen werden.

356

MIT LIEBE DEKORIEREN

Sich zu Hause wohlzufühlen ist fast schon eine Grundvoraussetzung, um in der eigenen Wohnung gut abschalten zu können. Ein wichtiger Aspekt ist die Dekoration der Wohnung. Seien es ein paar ausgewählte Muscheln im Badezimmer vom letzten Strandurlaub, der frische Blumenstrauß auf dem Tisch oder die neu arrangierten Fotos deiner Liebsten: Widme dich einem Aspekt deiner Wohnung und dekoriere mit Liebe. Du wirst dabei wunderbar abschalten und ein wohliges, gutes Gefühl stellt sich wie von selbst ein.

357

ENTSPANNT IN DER FREIZEIT

Jeder hat doch irgendein Hobby, sei es Fotografieren, Tennis spielen, das Sammeln von Teetassen oder das Basteln von Schmuck.

Gerne sammelt sich hier unnötiger Ballast an, der beschwert und die Freude am Hobby schmälert. Sortiere aus! Brauche ich das Objektiv noch? Springen die Tennisbälle noch hoch genug? Habe ich noch ein Ersatz-Griffband? Hat jede Perlensorte ein eigenes Kästchen? Widme dich dieser Aufgabe und tu dir damit selbst etwas Gutes – weitab von den Verpflichtungen für andere.

358

SCHÖNER UNTERWEGS SEIN

Im Auto bleibt oft einiges liegen. Parkzettel, Bonbonpapiere, alte Kassenbons vom Einkaufen, Tüten und Taschen, Kinderspielzeug, Münzen, Einkaufschips und - besonders beliebt bei jungen Eltern – angelutschte Brötchen. Die Liste ließe sich quasi endlos fortführen.

Damit du dich bei deiner nächsten Fahrt wieder wohlfühlen kannst, solltest du einmal mit einem Müllsack bewaffnet dein Auto entern und alles wegschmeißen, was definitiv nicht mehr benötigt wird. Und wenn du dann auch noch mal über die Armaturen wischst, kann das ein sehr zufriedenes Gefühl auslösen.

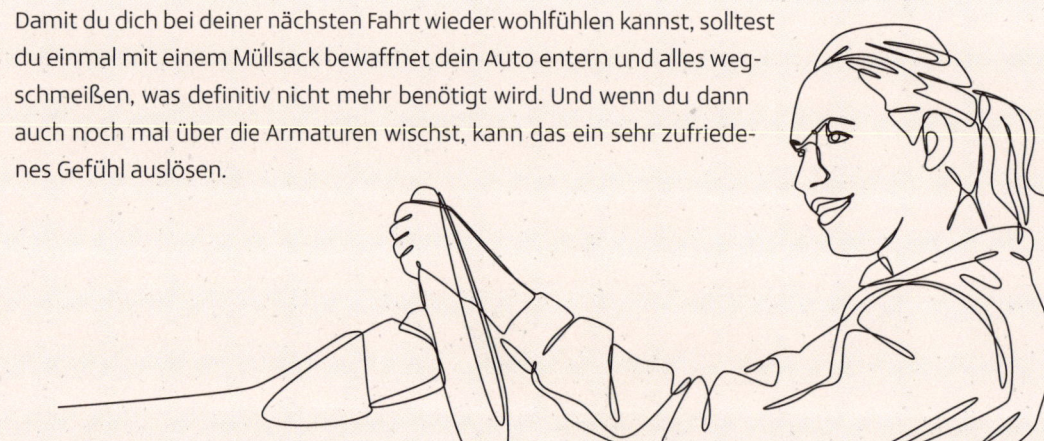

359

JEDEM SCHMUCKSTÜCK SEINE KLEINE AUFBEWAHRUNG

Zusammenverknotete Halsketten nerven nicht nur, sondern bergen auch die Gefahr, dass deine Schmuckstücke beim Entwirrversuch reißen. Schaffe deshalb Ordnung in deinen Schmuck-Fundus. Eine gesonderte Schmuckschatulle brauchst du dafür gar nicht unbedingt. Schmuckstücke fühlen sich am wohlsten im eigenen Etui. Bei wertvollen Schmuckstücken ist solch ein Etui beim Kauf sowieso dabei. Für Schmuckstücke, die nicht von Anfang an eine Schachtel hatten, besorge oder bastle dir eine. All die kleinen Schächtelchen wandern zusammen in ein Kommodenfach, eine Schublade oder in eine größere Schachtel.

360

ORDNUNG AUF DEM RECHNER

Du siehst auf deinem Desktop die wichtigen Programme vor lauter unwichtiger Icons, Links und unsortierten Dateien nicht mehr?

Dann ist jetzt die Zeit einmal Ordnung zu schaffen. Einfach mutig sein und löschen! Auch dein E-Mail-Postfach quillt aus allen Nähten? Schau doch auch hier einmal rein und überlege, was du – Hand aufs Herz – wirklich noch brauchst.

MEHR PLATZ IM KLEIDERSCHRANK

Luft schaffen und neu einräumen ist die Devise. Hole also tief Luft, räume alles aus dem Kleiderschrank heraus, miste aus und sortiere mit System wieder ein.

Diese Sachen können weg:

1. Fehlkäufe und ambitionierte Anschaffungen, die nie getragen wurden

2. Kleidung, die nicht mehr passt

3. Geliebte und oft getragene Kleidung, die abgetragen ist.

Vermeide in deinem Kleiderschrank auch Stapel „in zweiter Reihe". Sie führen nur dazu, dass du beim Kramen nach einem vermissten Stück für Unordnung sorgst und dass ungeliebte Teile wieder in der Versenkung verschwinden. Nutze den Raum hinter den Pulloverstapeln höchstens für Schachteln, in denen du Hüte oder sonstige Accessoires aufbewahrst, die du nicht oft brauchst.

Beim Einräumen gilt: Jedes Kleidungsstück muss gut zugänglich sein. Quetsche an keiner Stelle. Weder in den Fächern mit gefalteter Kleidung noch auf der Stange mit Bügeln. Nur wenn jedes Teil seinen Platz hat, an den es gehört, wird die neue Ordnung von Dauer sein.

Wer beim Falten von Kleidung ungeübter ist, tut gut daran, einen Tisch zu Hilfe zu nehmen. Lege das Teil vor dich hin und streiche es glatt. Bei Oberteilen schlägst du die seitlichen Teile mit den Ärmeln ein, sodass ein Rechteck entsteht. Dieses Rechteck faltest du je nach Länge zur Hälfte zusammen oder drittelst es. Auf diese Weise entstehen aus Tops, T-Shirts und Pullovern einigermaßen gleich große Rechtecke, die du gut aufeinanderstapeln kannst. Zu Rechtecken falten kannst du aber auch Jeans und generell alle Hosen, die keinen Bügel brauchen.

Selbst Unterwäsche lässt sich falten:

1. Erst die eine Seite einschlagen.

2. Dann die andere Seite einschlagen.

3. Nun die Unterhose von unten nach oben zum Bündchen hin falten. Zum Schluss umdrehen, damit sich das „Faltpäckchen" nicht öffnen kann.

362

BÜGELMEDITATION

Wenn du konzentriert in der Tätigkeit aufgehst, die du gerade ausübst, dann schaltest du automatisch ab und aus deinem Gedankenkarussell, das dich so stresst, aus. Das kann auch etwas so Alltägliches sein wie Bügeln.

Wenn du also das nächste Mal frisch gewaschene Kleidung bügelst, nimm wahr, wie das Bügeleisen über den Stoff gleitet und Bahnen von glattem, heißem Stoff hinterlässt. Spüre die Temperaturunterschiede. Streiche bewusst über die Stoffe. Rieche, wie deine frische Wäsche auf das heiße Bügeleisen reagiert. Wenn deine Gedanken abschweifen, führe sie einfach sanft zurück zum Geschehen.

363

ORDNUNG IM BÜCHERREGAL

Ein gut sortiertes Bücherregal ist eine überschaubare Aufgabe mit positiven Langzeitfolgen. Endlich wieder mit einem Blick das Kochbuch finden, in dem das Rezept für deine Lieblingspasta steht. Oder den Ratgeber mit den 365 Ideen zum Abschalten ...

Bring Bewegung ins starre Regal: Nimm alle Bücher heraus, reduziere die Menge durch beherztes Aussortieren und sortiere sie anschließend wieder ein. So werden die Bücher „gelüftet", und du musst jedes in die Hand nehmen, um es neu einzuräumen. Das wird den Prozess, sich von dem ein oder anderen Stück zu trennen, positiv beeinflussen. Sortiere schon beim Ausräumen nach Kategorien und lege die Bücher auf entsprechende Stapel:

1. Literarische Werke, also Romane, Erzählbände, Lyrik (falls vorhanden) und Krimis/Thriller

2. Sachbücher: Nachschlagewerke, Ratgeber, Kochbücher

3. Reiseführer und allgemeine Reiseliteratur

4. Bildbände

5. Kinderbücher

364

DEN DURCHBLICK BEHALTEN

Schlag drei Fliegen mit einer Klappe und putze deine Fenster!

1. Du hast wieder freie Sicht!

2. Du kannst während des Fensterputzens am offenen Fenster den Blick schweifen lassen und ein paar tiefe Atemzüge nehmen.

3. Du kräftigst und dehnst deine Arm- und Schultermuskulatur.

Alle Fenster deiner Wohnung zu putzen ist anstrengend und lästig. Nimm dir doch stattdessen einen Raum vor und putze in diesem die Fenster inklusive Rahmen langsam, besonders gründlich und mit einem zufriedenen Lächeln im Gesicht. Nach dieser kleinen körperlichen und geistigen Lockerungsübung kannst du dich wieder motivierter an den Schreibtisch setzen.

365

ORDNUNG AUF DEM SMARTPHONE

Wir haben es fast überall dabei, es wird täglich mit neuen Infos, Chats und vielem mehr gefüttert.

Vieles davon ist für kurze Zeit von Nutzen, dann wird es jedoch nicht mehr gebraucht. Schau doch mal deine Kontakte durch, brauchst du die wirklich noch alle?

Was ist mit deinen Chatverläufen? Wen interessiert das denn noch?

Und diese ganzen Apps? Du hast sie dir auf dein Handy geladen, aber wirklich genutzt hast du sie noch nie. Dann kannst du sie auch getrost löschen.

DEINE BEWERTUNGEN

1 ☆☆☆☆☆	22 ☆☆☆☆☆	43 ☆☆☆☆☆	64 ☆☆☆☆☆
2 ☆☆☆☆☆	23 ☆☆☆☆☆	44 ☆☆☆☆☆	65 ☆☆☆☆☆
3 ☆☆☆☆☆	24 ☆☆☆☆☆	45 ☆☆☆☆☆	66 ☆☆☆☆☆
4 ☆☆☆☆☆	25 ☆☆☆☆☆	46 ☆☆☆☆☆	67 ☆☆☆☆☆
5 ☆☆☆☆☆	26 ☆☆☆☆☆	47 ☆☆☆☆☆	68 ☆☆☆☆☆
6 ☆☆☆☆☆	27 ☆☆☆☆☆	48 ☆☆☆☆☆	69 ☆☆☆☆☆
7 ☆☆☆☆☆	28 ☆☆☆☆☆	49 ☆☆☆☆☆	70 ☆☆☆☆☆
8 ☆☆☆☆☆	29 ☆☆☆☆☆	50 ☆☆☆☆☆	71 ☆☆☆☆☆
9 ☆☆☆☆☆	30 ☆☆☆☆☆	51 ☆☆☆☆☆	72 ☆☆☆☆☆
10 ☆☆☆☆☆	31 ☆☆☆☆☆	52 ☆☆☆☆☆	73 ☆☆☆☆☆
11 ☆☆☆☆☆	32 ☆☆☆☆☆	53 ☆☆☆☆☆	74 ☆☆☆☆☆
12 ☆☆☆☆☆	33 ☆☆☆☆☆	54 ☆☆☆☆☆	75 ☆☆☆☆☆
13 ☆☆☆☆☆	34 ☆☆☆☆☆	55 ☆☆☆☆☆	76 ☆☆☆☆☆
14 ☆☆☆☆☆	35 ☆☆☆☆☆	56 ☆☆☆☆☆	77 ☆☆☆☆☆
15 ☆☆☆☆☆	36 ☆☆☆☆☆	57 ☆☆☆☆☆	78 ☆☆☆☆☆
16 ☆☆☆☆☆	37 ☆☆☆☆☆	58 ☆☆☆☆☆	79 ☆☆☆☆☆
17 ☆☆☆☆☆	38 ☆☆☆☆☆	59 ☆☆☆☆☆	80 ☆☆☆☆☆
18 ☆☆☆☆☆	39 ☆☆☆☆☆	60 ☆☆☆☆☆	81 ☆☆☆☆☆
19 ☆☆☆☆☆	40 ☆☆☆☆☆	61 ☆☆☆☆☆	82 ☆☆☆☆☆
20 ☆☆☆☆☆	41 ☆☆☆☆☆	62 ☆☆☆☆☆	83 ☆☆☆☆☆
21 ☆☆☆☆☆	42 ☆☆☆☆☆	63 ☆☆☆☆☆	84 ☆☆☆☆☆

85 ☆☆☆☆☆	109 ☆☆☆☆☆	133 ☆☆☆☆☆	157 ☆☆☆☆☆
86 ☆☆☆☆☆	110 ☆☆☆☆☆	134 ☆☆☆☆☆	158 ☆☆☆☆☆
87 ☆☆☆☆☆	111 ☆☆☆☆☆	135 ☆☆☆☆☆	159 ☆☆☆☆☆
88 ☆☆☆☆☆	112 ☆☆☆☆☆	136 ☆☆☆☆☆	160 ☆☆☆☆☆
89 ☆☆☆☆☆	113 ☆☆☆☆☆	137 ☆☆☆☆☆	161 ☆☆☆☆☆
90 ☆☆☆☆☆	114 ☆☆☆☆☆	138 ☆☆☆☆☆	162 ☆☆☆☆☆
91 ☆☆☆☆☆	115 ☆☆☆☆☆	139 ☆☆☆☆☆	163 ☆☆☆☆☆
92 ☆☆☆☆☆	116 ☆☆☆☆☆	140 ☆☆☆☆☆	164 ☆☆☆☆☆
93 ☆☆☆☆☆	117 ☆☆☆☆☆	141 ☆☆☆☆☆	165 ☆☆☆☆☆
94 ☆☆☆☆☆	118 ☆☆☆☆☆	142 ☆☆☆☆☆	166 ☆☆☆☆☆
95 ☆☆☆☆☆	119 ☆☆☆☆☆	143 ☆☆☆☆☆	167 ☆☆☆☆☆
96 ☆☆☆☆☆	120 ☆☆☆☆☆	144 ☆☆☆☆☆	168 ☆☆☆☆☆
97 ☆☆☆☆☆	121 ☆☆☆☆☆	145 ☆☆☆☆☆	169 ☆☆☆☆☆
98 ☆☆☆☆☆	122 ☆☆☆☆☆	146 ☆☆☆☆☆	170 ☆☆☆☆☆
99 ☆☆☆☆☆	123 ☆☆☆☆☆	147 ☆☆☆☆☆	171 ☆☆☆☆☆
100 ☆☆☆☆☆	124 ☆☆☆☆☆	148 ☆☆☆☆☆	172 ☆☆☆☆☆
101 ☆☆☆☆☆	125 ☆☆☆☆☆	149 ☆☆☆☆☆	173 ☆☆☆☆☆
102 ☆☆☆☆☆	126 ☆☆☆☆☆	150 ☆☆☆☆☆	174 ☆☆☆☆☆
103 ☆☆☆☆☆	127 ☆☆☆☆☆	151 ☆☆☆☆☆	175 ☆☆☆☆☆
104 ☆☆☆☆☆	128 ☆☆☆☆☆	152 ☆☆☆☆☆	176 ☆☆☆☆☆
105 ☆☆☆☆☆	129 ☆☆☆☆☆	153 ☆☆☆☆☆	177 ☆☆☆☆☆
106 ☆☆☆☆☆	130 ☆☆☆☆☆	154 ☆☆☆☆☆	178 ☆☆☆☆☆
107 ☆☆☆☆☆	131 ☆☆☆☆☆	155 ☆☆☆☆☆	179 ☆☆☆☆☆
108 ☆☆☆☆☆	132 ☆☆☆☆☆	156 ☆☆☆☆☆	180 ☆☆☆☆☆

181 ☆☆☆☆☆	205 ☆☆☆☆☆	229 ☆☆☆☆☆	253 ☆☆☆☆☆
182 ☆☆☆☆☆	206 ☆☆☆☆☆	230 ☆☆☆☆☆	254 ☆☆☆☆☆
183 ☆☆☆☆☆	207 ☆☆☆☆☆	231 ☆☆☆☆☆	255 ☆☆☆☆☆
184 ☆☆☆☆☆	208 ☆☆☆☆☆	232 ☆☆☆☆☆	256 ☆☆☆☆☆
185 ☆☆☆☆☆	209 ☆☆☆☆☆	233 ☆☆☆☆☆	257 ☆☆☆☆☆
186 ☆☆☆☆☆	210 ☆☆☆☆☆	234 ☆☆☆☆☆	258 ☆☆☆☆☆
187 ☆☆☆☆☆	211 ☆☆☆☆☆	235 ☆☆☆☆☆	259 ☆☆☆☆☆
188 ☆☆☆☆☆	212 ☆☆☆☆☆	236 ☆☆☆☆☆	260 ☆☆☆☆☆
189 ☆☆☆☆☆	213 ☆☆☆☆☆	237 ☆☆☆☆☆	261 ☆☆☆☆☆
190 ☆☆☆☆☆	214 ☆☆☆☆☆	238 ☆☆☆☆☆	262 ☆☆☆☆☆
191 ☆☆☆☆☆	215 ☆☆☆☆☆	239 ☆☆☆☆☆	263 ☆☆☆☆☆
192 ☆☆☆☆☆	216 ☆☆☆☆☆	240 ☆☆☆☆☆	264 ☆☆☆☆☆
193 ☆☆☆☆☆	217 ☆☆☆☆☆	241 ☆☆☆☆☆	265 ☆☆☆☆☆
194 ☆☆☆☆☆	218 ☆☆☆☆☆	242 ☆☆☆☆☆	266 ☆☆☆☆☆
195 ☆☆☆☆☆	219 ☆☆☆☆☆	243 ☆☆☆☆☆	267 ☆☆☆☆☆
196 ☆☆☆☆☆	220 ☆☆☆☆☆	244 ☆☆☆☆☆	268 ☆☆☆☆☆
197 ☆☆☆☆☆	221 ☆☆☆☆☆	245 ☆☆☆☆☆	269 ☆☆☆☆☆
198 ☆☆☆☆☆	222 ☆☆☆☆☆	246 ☆☆☆☆☆	270 ☆☆☆☆☆
199 ☆☆☆☆☆	223 ☆☆☆☆☆	247 ☆☆☆☆☆	271 ☆☆☆☆☆
200 ☆☆☆☆☆	224 ☆☆☆☆☆	248 ☆☆☆☆☆	272 ☆☆☆☆☆
201 ☆☆☆☆☆	225 ☆☆☆☆☆	249 ☆☆☆☆☆	273 ☆☆☆☆☆
202 ☆☆☆☆☆	226 ☆☆☆☆☆	250 ☆☆☆☆☆	274 ☆☆☆☆☆
203 ☆☆☆☆☆	227 ☆☆☆☆☆	251 ☆☆☆☆☆	275 ☆☆☆☆☆
204 ☆☆☆☆☆	228 ☆☆☆☆☆	252 ☆☆☆☆☆	276 ☆☆☆☆☆

277 ☆☆☆☆☆	301 ☆☆☆☆☆	325 ☆☆☆☆☆	349 ☆☆☆☆☆
278 ☆☆☆☆☆	302 ☆☆☆☆☆	326 ☆☆☆☆☆	350 ☆☆☆☆☆
279 ☆☆☆☆☆	303 ☆☆☆☆☆	327 ☆☆☆☆☆	351 ☆☆☆☆☆
280 ☆☆☆☆☆	304 ☆☆☆☆☆	328 ☆☆☆☆☆	352 ☆☆☆☆☆
281 ☆☆☆☆☆	305 ☆☆☆☆☆	329 ☆☆☆☆☆	353 ☆☆☆☆☆
282 ☆☆☆☆☆	306 ☆☆☆☆☆	330 ☆☆☆☆☆	354 ☆☆☆☆☆
283 ☆☆☆☆☆	307 ☆☆☆☆☆	331 ☆☆☆☆☆	355 ☆☆☆☆☆
284 ☆☆☆☆☆	308 ☆☆☆☆☆	332 ☆☆☆☆☆	356 ☆☆☆☆☆
285 ☆☆☆☆☆	309 ☆☆☆☆☆	333 ☆☆☆☆☆	357 ☆☆☆☆☆
286 ☆☆☆☆☆	310 ☆☆☆☆☆	334 ☆☆☆☆☆	358 ☆☆☆☆☆
287 ☆☆☆☆☆	311 ☆☆☆☆☆	335 ☆☆☆☆☆	359 ☆☆☆☆☆
288 ☆☆☆☆☆	312 ☆☆☆☆☆	336 ☆☆☆☆☆	360 ☆☆☆☆☆
289 ☆☆☆☆☆	313 ☆☆☆☆☆	337 ☆☆☆☆☆	361 ☆☆☆☆☆
290 ☆☆☆☆☆	314 ☆☆☆☆☆	338 ☆☆☆☆☆	362 ☆☆☆☆☆
291 ☆☆☆☆☆	315 ☆☆☆☆☆	339 ☆☆☆☆☆	363 ☆☆☆☆☆
292 ☆☆☆☆☆	316 ☆☆☆☆☆	340 ☆☆☆☆☆	364 ☆☆☆☆☆
293 ☆☆☆☆☆	317 ☆☆☆☆☆	341 ☆☆☆☆☆	365 ☆☆☆☆☆
294 ☆☆☆☆☆	318 ☆☆☆☆☆	342 ☆☆☆☆☆	
295 ☆☆☆☆☆	319 ☆☆☆☆☆	343 ☆☆☆☆☆	
296 ☆☆☆☆☆	320 ☆☆☆☆☆	344 ☆☆☆☆☆	
297 ☆☆☆☆☆	321 ☆☆☆☆☆	345 ☆☆☆☆☆	
298 ☆☆☆☆☆	322 ☆☆☆☆☆	346 ☆☆☆☆☆	
299 ☆☆☆☆☆	323 ☆☆☆☆☆	347 ☆☆☆☆☆	
300 ☆☆☆☆☆	324 ☆☆☆☆☆	348 ☆☆☆☆☆	

Lösung zu Nr. 29, S. 25

4	2	3	5	1	9	8	7	6
8	6	9	4	3	7	1	5	2
5	1	7	2	8	6	4	9	3
9	7	5	6	4	1	2	3	8
6	3	8	9	7	2	5	4	1
2	4	1	3	5	8	7	6	9
1	9	6	7	2	4	3	8	5
7	5	2	8	9	3	6	1	4
3	8	4	1	6	5	9	2	7

Wichtiger Hinweis

Alle Angaben in diesem Buch wurden von Autorinnen und Verlag nach aktuellem Wissensstand sorgfältig erarbeitet und geprüft. Dennoch erfolgen alle Angaben ohne Gewähr. Autorinnen und Verlag haften nicht für eventuelle Nachteile oder Schäden, die aus der Umsetzung der im Buch angegebenen praktischen Hinweise resultieren.

Texte:

Nina Engels: Einleitung, Kapitel „Abschalt-Quickies für zwischendurch", „Rühren, hacken, kneten, schlagen", „Social Power" und „Das bisschen Haushalt"; Henrike Raggen: Kapitel „Puls hoch, Stress runter", „Eine ruhige Kugel schieben", „Eintauchen und abschalten", „Kreativ abschalten", „Raus aus dem Alltagstrott, rein ins Unbekannte!", „Spaß haben", „Einfach mal runterkommen? Aber natürlich!" und „Abschalten mit Kind und Kegel"

Illustrationen:

Sonstiges:

Rätsel Krüger: Sudoku S. 25